Axel Ruppert

Die Entstehung der europäischen Staatsschuldenkrise

Welche Rolle spielte der deutsche Neomerkantilismus?

Bibliografische Information der Deutschen Nationalbibliothek:

Die Deutsche Nationalbibliothek verzeichnet diese Publikation in der Deutschen Nationalbibliografie; detaillierte bibliografische Daten sind im Internet über http://dnb.d-nb.de abrufbar.

Impressum:

Copyright © ScienceFactory

Ein Imprint der Open Publishing GmbH

Druck und Bindung: Books on Demand GmbH, Norderstedt, Germany

Coverbild: pixabay.com

Inhaltsverzeichnis

Abbildungsverzeichnis

1 Einleitung

Im März 2015 meldete das statistische Bundesamt für das Jahr 2014 den bislang größten Überschuss in der deutschen Außenhandelsbilanz: Mit einem Plus von 216,9 Milliarden Euro wurde der bisherige Höchstwert aus dem Jahr 2007 von 195,3 Milliarden Euro weit übertroffen (Statistisches Bundesamt 2015a: 1). Deutschland festigt damit seine Position des dominierenden neomerkantilistischen Staates in Europa. Im keynesianischen wissenschaftlichen Diskurs wird genau diese neomerkantilistische Dominanz Deutschlands als eine der Voraussetzungen für das Entstehen der europäischen Staatsschuldenkrise angesehen.

Als jedoch 2010 die ersten sogenannten Rettungspakete für Griechenland verabschiedet wurden, fokussierte sich der öffentliche Krisen-Diskurs in Deutschland größtenteils auf Schuldzuweisungen gegenüber den südeuropäischen Staaten. Die verkürzten Erklärungen der Krisen in Griechenland, Spanien, Portugal und Italien bezogen sich in erster Linie auf Verfehlungen der Regierenden, korrupte staatliche Strukturen und kulturelle Unterschiede. Demzufolge lebten die BürgerInnen dort über ihre Verhältnisse, während fehlende Disziplin in der Haushaltsführung und mangelndes Risikobewusstsein zu einem Anstieg der Verschuldung führten. Diese Argumentationslinie blendet allerdings aus, dass die gewachsene Schuldenlast letztlich Ausdruck eines Abhängigkeitsverhältnisses zwischen den Staaten der Eurozone ist. Mit der einseitigen Schuldzuweisung gegenüber den Schuldnerstaaten wird diese Interdependenz und damit die Rolle der Gläubigerstaaten sowie die des Finanz- und produktiven Kapitals in der Entstehung der Staatsschuldenkrise ignoriert. Ebenso erschwert diese Betrachtungsweise die Diskussion über die grundlegenden Defizite in der Konstruktion der Währungsunion.

Im Gegensatz zu dem vorgestellten Ansatz des ‚scapegoating' hat die vorliegende Arbeit deshalb das Ziel, den Beitrag des deutschen Neomerkantilismus zur Entstehung der europäischen Staatsschuldenkrise zu analysieren. Basierend auf der Annahme, dass das Verständnis über die Ursachen der Krise ihre Bearbeitung bedingt, sollen die Auswirkungen der deutschen neomerkantilistischen Wirtschaftspolitik auf die Ungleichgewichte und transnationalen Gläubiger-Schuldner-Beziehungen in der Eurozone beleuchtet werden. Die zugrundeliegende Fragestellung lautet daher:

Welche Bedeutung hat der deutsche Neomerkantilismus, anhand seiner Auswirkungen auf die Leistungsbilanzungleichgewichte und transnationalen Gläubiger-Schuldner- Beziehungen in der Eurozone, für die Entstehung der europäischen Staatsschuldenkrise?

Aufgrund der bisherigen Bearbeitung der Staatsschuldenkrise erscheint diese Perspektive dringend notwendig. Zwar erkennt die Europäische Kommission die deutschen Überschüsse als Problem an und empfiehlt deren Reduktion anhand einer höheren Importnachfrage im Rahmen des „Macroeconomic Imbalance Procedure" (Europäische Kommission 2015: 52). Dennoch haben die europäischen Institutionen im Einklang mit einem Großteil der Mitgliedsstaaten der Eurozone den Anpassungsdruck den Schuldnerstaaten auferlegt (EuroMemorandum 2013: 42ff). Reformen in den neomerkantilistisch orientierten Mitgliedsstaaten beziehungsweise Reformen der europäischen Währungsunion, welche dem Abbau der Ungleichgewichte und Angleichung der divergenten Entwicklungen der Mitgliedsstaaten dienen, wurden gar nicht oder nur unzureichend umgesetzt (ebd.).

Um die neomerkantilistische Ausrichtung der deutschen Wirtschaftspolitik zu verstehen, ist es notwendig deren historische Entwicklung sowie die Positionen der involvierten AkteurInnen nachzuvollziehen. Das zweite Kapitel befasst sich deshalb mit der deutschen Exportwirtschaft in den 1950er und 1960er Jahren und mit den Konsequenzen des Zusammenbruchs des Bretton-Woods-Systems. Des Weiteren wird anhand des Europäischen Währungssystems (EWS) die Bedeutung des europäischen Integrationsprozesses für den Erfolg des deutschen Neomerkantilismus und die Teilung des europäischen Handelssystems in Überschuss- und Defizitländer aufgezeigt.

Im dritten Kapitel folgt ein Überblick über die Gründung der Europäischen Wirtschafts- und Währungsunion (WWU) und deren Ausgestaltung im Interesse des deutschen Exportsektors und europäischer transnationaler Konzerne (TNK). Dieser Prozess soll mit Stephen Gills Konzept des disziplinierenden Neoliberalismus und der Bedeutung eines transnationalen historischen Blocks für die Konstruktion der WWU erläutert werden.

Die Konsequenzen der Wirtschafts- und Währungsunion für den wirtschafts- und fiskalpolitischen Handlungsspielraum der Mitgliedsstaaten und die daraus entstandene zentrale Rolle der Lohnstückkostenkonkurrenz werden zu Beginn des vierten Kapitels analysiert. Darauf folgt die Analyse der Grundlagen der beiden

Hauptmerkmale des deutschen Neomerkantilismus: Ein stagnierendes Lohnstück-kostenwachstum in Kombination mit einer schwachen Binnenmarktnachfrage.

Das fünfte Kapitel befasst sich mit den Auswirkungen des deutschen Neomerkantilismus auf die Leistungsbilanzungleichgewichte in der Eurozone. Es beleuchtet einerseits die verbesserte Wettbewerbsfähigkeit Deutschlands und dessen wachsende Leistungsbilanzsalden und andererseits die wirtschaftspolitische Entwicklung sowie die erodierte Wettbewerbsfähigkeit der südeuropäischen Mitgliedsstaaten. Darauf aufbauend stehen die Wachstumsstrategien und die Finanzialisierungsprozesse in den südeuropäischen Staaten im Fokus. Schließlich werden die daraus entstandenen transnationalen Gläubiger-Schuldner-Beziehungen und das Abhängigkeitsverhältnis zwischen den Überschuss- und Defizitländern analysiert.

Bevor die Ergebnisse zusammen mit einem Ausblick im letzten Kapitel resümiert werden, wird im sechsten Kapitel der Krisenverlauf vom Ausbruch der globalen Finanzkrise bis zur Staatschuldenkrise im Kontext der Finanzialisierungsprozesse und der transnationalen Gläubiger-Schuldner-Beziehungen nachgezeichnet. Es wird sich zeigen, dass der deutsche Neomerkantilismus die Divergenzen in der Eurozone verstärkt und damit maßgeblich zu den Grundvoraussetzungen der Staatschuldenkrise beigetragen hat.

1.1 Begriffsklärung Neomerkantilismus

Grundsätzlich ist eine neomerkantilistische Wirtschaftspolitik auf das Erzielen eines Exportüberschusses ausgerichtet. Ein Exportüberschuss besteht, sobald in einem Staat der Wert der exportierten Waren und Dienstleistungen den Wert der importierten Waren und Dienstleistungen übersteigt. In diesem Fall liegt eine aktive Handels- und Dienstleistungsbilanz vor. Da die Handels- und Dienstleistungsbilanz Teilbilanzen der Leistungsbilanzbilanz sind, stellt ein Exportüberschuss von Waren und Dienstleistungen die Grundlage für eine aktive Leistungsbilanz eines Staates dar. Verbunden mit einem Leistungsbilanzüberschuss sind der Aufbau von Geldvermögen und eine Zunahme entsprechender Kapitalexporte (Becker/Raza 2007: 3). Von einer aktiven Leistungsbilanz profitieren daher nicht nur exportorientierte Unternehmen, sondern ebenfalls Finanzinstitutionen und AktionärInnen infolge steigender Zinseinnahmen und Dividenden.

Um einen Exportüberschuss langfristig zu erhalten, ist nicht nur die Förderung der Exporte, sondern ebenso eine Begrenzung der Importnachfrage notwendig. Steigt die Binnennachfrage stärker als das Binnenangebot, das aufgrund der

Exportorientierung relativ schwach ausgeprägt ist, dann steigen Preise und Inflationsrate an (Richter 2006: 997). Preissteigerungen führen wiederum zu einer Erhöhung der Löhne und damit zu einem Anstieg des Konsums und einer wachsenden Nachfrage nach Importen. Ein schwaches Binnenwachstum ist daher aus zweierlei Hinsicht im Interesse einer neomerkantilistischen Wirtschaftspolitik: Zum einen verhindert es einen Anstieg der Löhne und somit eine Verschlechterung der Wettbewerbsfähigkeit der exportierenden Unternehmen. Zum anderen wirkt es einer Inflation sowie einem Konsumanstieg und einer wachsenden Importnachfrage entgegen.

Um die Binnennachfrage zu regulieren und die Exportwirtschaft zu fördern, muss eine neomerkantilistische Wirtschaftspolitik verschiedene Politikfelder mit einschließen. Dazu gehören neben der Außenhandelspolitik die Geld-, Fiskal-, Lohn- und Arbeitsmarktpolitik (Becker/Raza 2007: 3). Angesichts ihres weitreichenden Einflusses, bedarf eine neomerkantilistische Wirtschaftspolitik eines Konsenses zwischen den beteiligten AkteurInnen. Wenn Regierung und Parlament eine solche Politik verfolgen, dann sind sie auf einen starken Exportsektor mit Unternehmen aus dem produzierenden Gewerbe und aus dem Dienstleistungssektor angewiesen. Zudem müssen Gewerkschaften die Exportausrichtung und dementsprechend die Dämpfung der Binnenmarktnachfrage über die Regulierung des Lohnkostenwachstums mittragen beziehungsweise im Rahmen der Tarifpolitik aktiv mitgestalten. Nicht zuletzt müssen Unternehmen, welche nicht direkt in die Exportwirtschaft eingebunden sind sowie Interessensverbände und BürgerInnen die Konsequenzen einer neomerkantilistischen Wirtschaftspolitik akzeptieren. Da die Geldpolitik eine zentrale Rolle im Neomerkantilismus spielt, sind Regierung und Parlament ebenfalls auf einen Konsens mit der Zentralbank angewiesen, insbesondere wenn diese weitgehende Autonomie besitzt.

Im Zuge der europäischen Integration sind Kompetenzen aus den oben genannten Politikfeldern von nationalen Regierungen an die Institutionen der Europäischen Union (EU) abgegeben beziehungsweise der Handlungsspielraum nationaler Regierungen in Form von europäischen Verträgen eingeschränkt worden. Das heißt, wenn neomerkantilistisch orientierte Staaten im europäischen Integrationsprozess ihre wirtschaftspolitische Strategie weiter umsetzen wollen, dann müssen sie auch auf europäischer Ebene die notwendigen Rahmenbedingungen schaffen und dafür einen Konsens finden.

Im Gegensatz zu den merkantilistischen Strategien absolutistischer Staaten im 17. Und 18. Jahrhundert, können neomerkantilistische Staaten in einem liberalisierten

Welthandelssystem – dessen Ausbau sie selbst vorantreiben – nur begrenzt auf protektionistische Maßnahmen zurückgreifen. Merkantilistische Staaten zeichneten sich durch Protektionismus in Form von Zöllen, Einfuhrquoten oder Monopolverleihungen aus und verfolgten eine aggressive Außenhandelspolitik bis hin zur Befürwortung von Handelskriegen (Walter 2011: 43). Aufgrund der Nichtanwendbarkeit solcher Maßnahmen stehen in neomerkantilistischen Staaten hingegen die Geld- und Lohnpolitik im Vordergrund. Der Agrarsektor in den Mitgliedsstaaten der EU stellt mit der Nutzung von Exportsubventionen im Rahmen der gemeinsamen europäischen Agrarpolitik jedoch eine Ausnahme dar (Fritz 2011: 96). Neomerkantilistische Strategien beschränken sich nicht auf die Mitgliedsstaaten der EU, sondern werden in Kooperation mit den Mitgliedsstaaten auch von den EU-Institutionen als Mittel der EU- Außenhandelspolitik genutzt, um neue Exportmärkte zu erschließen und Handelsvorteile zu realisieren (EuroMemorandum 2013: 9).

Neomerkantilistische Staaten mit Leistungsbilanzüberschüssen müssen durch Staaten mit rückläufigen Überschüssen oder Leistungsbilanzdefiziten ergänzt werden. Sie nehmen die Überschüsse auf und finanzieren diese mit Kapitalimporten. Die größten Defizite wiesen in vergangenen Jahren Länder des globalen Südens, die USA und Mitgliedsstaaten der EU auf (Priewe 2011: 35). Die strukturellen Ungleichgewichte auf globaler Ebene sowie innerhalb der europäischen Währungsunion beziehungsweise deren Ursachen, besitzen ein destruktives Potenzial. Das soll anhand des deutschen Neomerkantilismus und dessen Beitrag zu den Ungleichgewichten innerhalb der europäischen Währungsunion im Folgenden veranschaulicht werden.

2 Der deutsche Neomerkantilismus ab 1950

Die Entwicklung des heute relevanten deutschen Neomerkantilismus beginnt mit der Phase des Wiederaufbaus in Europa nach dem Ende des Zweiten Weltkrieges. Jene Phase ist geprägt vom Aufstieg der deutschen Industrie und deren Exporterfolgen, die bis heute im Zentrum des deutschen Neomerkantilismus stehen.

Die Gründung der Europäischen Gemeinschaft für Kohle und Stahl (EGKS) 1952 und die Etablierung der Europäischen Wirtschaftsgemeinschaft (EWG) durch Römischen Verträgen von 1957, bildeten die Grundlage für die Herausbildung des deutschen und europäischen Neomerkantilismus.

Im Zentrum der EGKS standen Oligopole der Stahlindustrie, die die große und stetige Nachfrage in den 1950er Jahren bedienten und zum Wachstum anderer Industriezweige beitrugen (Bellofiore/Halevi 2006: 331). Das Bretton-Woods-System mit festen Wechselkursen (s. S. 7) bot ein stabiles Umfeld für die Expansion der europäischen Industrie. Die festen Wechselkurse verringerten die Konkurrenz zwischen den Unternehmen, indem sie das Risiko der kompetitiven Abwertung unterbunden und die Abstimmung von Preisen und Marktanteilen ermöglichten (ebd. 332). Innerhalb dieses Settings europäischer Oligopole konnte sich die deutsche Industrie konstant entwickeln, sodass die Bundesrepublik in den 1950er Jahren zum größten Exporteur in Europa wurde (ebd.). Tatsächlich weist Deutschland bereits seit dem Jahr 1952 kontinuierlich eine aktive Handelsbilanz auf (Statistisches Bundesamt 2015b: 2).

Ein wichtiger Impuls für den Aufschwung der deutschen Wirtschaft und insbesondere deren Exportorientierung war der Korea-Krieg von 1950 bis 1953, der eine große Nachfrage nach rüstungsrelevanten Industriegütern schuf (Bührer 2002: o. S.). Die nach dem Zweiten Weltkrieg weiterhin bestehenden Produktionsanlagen, die ausgeprägte Industriestruktur sowie eine Vielzahl qualifizierter ArbeiterInnen und Kapazitätsreserven ermöglichten es der Bundesrepublik diese Nachfrage zu bedienen (ebd.). Deutschland profitierte dementsprechend von einem starken Wachstum: Von 1950 bis 1960 notierte die exportrelevante Investitionsgüterbranche eine Expansion von über 220 Prozent und der Wert der Exporte beziehungsweise Importe stieg von 17 auf 37 und von 16 auf 31 Mrd. DM an (ebd.).[1]

---

[1] Dieses Wachstum setzte erst ab 1951 ein, nachdem im vorherigen Jahr im Kontext der „Korea- Krise" (Anstieg der Rohstoffpreise und Anstieg der Importe durch Kaufkraftzuwachs) ein hohes Zahlungsbilanzdefizit bestand (Walter 2011: 261).

Die deutsche Wirtschaftspolitik bediente sich in den 1950er Jahren auch merkan-
tilistischer Strategien zur Förderung der Exporte und Begrenzung der Importe
(Richter 2006: 1000). Sie manifestierten sich zum einen in Form von Steuerver-
günstigungen für exportierende Unternehmen (ebd.). Zum anderen wurden sie in
Form eines Zolltarifgesetzes realisiert, das zwar den Import von Rohstoffen von
Zöllen befreite, jedoch die Zölle progressiv nach Verarbeitungsstufe der eingeführ-
ten Produkte ansteigen lies (ebd.). Protektionistische Maßnahmen, wie die Erhe-
bung von Einfuhrzöllen, waren mit der fortlaufenden Liberalisierung des Handels
in Europa und der Einführung des gemeinsamen Marktes 1957 nicht mehr umsetz-
bar.

Wichtig für die Liberalisierung des Handels in Europa und die Schaffung des gemeinsamen Marktes war wie Implementierung der Europäischen Zahlungsunion
(EZU) 1950. Ausgestattet mit Mitteln aus dem Marshallplan hatte das Instrument
das Ziel europäische Staaten bei Zahlungsbilanzdefiziten zu unterstützen (Kimmler 2005: o. S.). Deutschlands Exportüberschüsse und die entsprechenden Ungleichgewichte im intra-europäischen Handel konnten mithilfe der EZU ausgegli-
chen und somit strukturelle Ungleichgewichte vermieden werden. Dieser Ausgleichsmechanismus erlaubte es den europäischen Staaten im Kontext deutscher
Überschüsse an ihren Ausgabenprogrammen und Strukturreformen festzuhalten
(Bellofiore/Halevi 2006: 333). Die EZU war jedoch als eine temporäre Förderung
des Freihandels in Europa angesetzt und wurde 1959, als die europäischen Währungen wieder frei gegen andere Währungen eintauschbar waren, eingestellt
(Kimmler 2005: o. S.).

Mit Auflösung der EZU endete auch der Ausgleichsmechanismus für Zahlungsbi-
lanzdefizite zwischen den europäischen Staaten und die Zahlungsbilanz rückte als
wirtschaftspolitischer Faktor wieder stärker in den Fokus (Bellofiore/Halevi 2006:
333). Der Einfluss auf die Zahlungsbilanz war jedoch insofern beschränkt, als die
Export- und Importdynamiken nicht frei beeinflussbar waren. Die EZU und der gemeinsame Markt legten die Grundlage für die Liberalisierung des Handels und die
Abschaffung von tarifären und nichttarifären Handelshemmnissen. Gleichzeitig
waren die Wechselkurse im Rahmen des Bretton-Woods-Systems festgelegt. Die
europäische Staaten konnten also weder klassische protektionistische Maßnahmen ergreifen, noch ihre Währungen abwerten.

In den 1960er Jahren nutzten Frankreich, Italien und Deutschland deshalb sogenannte „stop-go" Strategien zur Förderung ihrer Exportwirtschaften (Bellofiore et
al. 2011: 127). Sie zielten auf eine Steigerung der Ausfuhren mithilfe einer

geschwächten Binnenmarktnachfrage ab (ebd.). Mit der Vernachlässigung der in-
ländischen Nachfrage und der Konzentration auf Wachstum durch Exporte stellten
Deutschland, Frankreich und Italien den Kern des europäischen Neomerkantilismus dar. Dieser hatte sich damit als wirtschaftspolitische Strategie in Europa etabliert.

2.1 Zusammenbruch des Bretton-Woods-Systems

Die Geldpolitik ist neben der Lohn- und Arbeitsmarktpolitik ein wichtiger Faktor
für die Ausgestaltung einer neomerkantilistischen Wirtschaftspolitik. Dabei ist entscheidend, in welchem Maß nationale Zentralbanken autonom über die Geldpolitik
eines Staates entscheiden können, beziehungsweise, in welchem Arrangement
Wechselkurse gebunden sind. Deshalb stellen der Zusammenbruch des Bretton-
Woods-Systems 1973 und die daraus entstandene Dynamik in Bezug auf die nationalen Geldpolitiken einen wichtigen Entwicklungsschritt für den deutschen Neomerkantilismus dar.

Das 1944 gegründete Bretton-Woods-System war ein Währungssystem mit festen
Wechselkursen und basierte auf der Zusage der USA, den US-Dollar uneinge-
schränkt in Gold zu konvertieren. Da die Stabilität eines solchen Systems maßgeblich von den Zahlungsbilanzgleichgewichten der Mitgliedsstaaten abhängig ist,
stellte sich das wachsende Zahlungsbilanzdefizit der USA in den 1960er Jahren als
problematisch dar. In dieser Zeit finanzierten die USA die steigenden Kosten für
den Vietnam-Krieg und die Ausgaben für das „Great Society Programm" mit einer
Ausweitung der Geldmenge. Dies führte mit einem Anstieg der Löhne und Importe
zu einer wachsenden Inflation (Frankel 1988: 566). Die dadurch erodierende internationale Wettbewerbsfähigkeit, vor allem gegenüber den westeuropäischen
Staaten und Japan, führte 1971 zum ersten Handelsbilanzdefizit der USA und
stellte die Leitwährungsfunktion des US-Dollars in Frage (Thomasberger 1993:
109). Die USA waren zur Stützung ihrer Währung verstärkt von der Bereitschaft
ausländischer Zentralbanken abhängig, US-Dollar aufzukaufen und sahen sich mit
zunehmenden Spekulationen gegen den Dollar konfrontiert (ebd. 111 f.). Gleichzeitig bildete die D-Mark das Gegenstück zum US-Dollar und hatte sich als stabile
Währung etabliert. Diese Konstellation beförderte Spekulationen und bedingte
eine steigende Nachfrage nach D-Mark (ebd. 112). Nachdem Anfang der 1970er
Jahre die Bundesbank immer mehr D-Mark bereitstellen musste, die Inflation anstieg und die Aufwertung der Währung die deutschen Produkte auf dem Weltmarkt
verteuerte, gab die Bundesregierung im Mai 1971 den Wechselkurs frei (Richter

2006: 1000). Außerdem sorgte die expansive US-Geldpolitik im Kontext des wachsenden globalen Handels für ein Ungleichgewicht zwischen den internationalen Dollarverpflichtungen und den Goldbeständen der USA: Im Jahr 1971 waren die Dollarverpflichtungen sechs Mal höher als die Goldreserven (Altvater/Mahnkopf 1997: 185). Präsident Nixon gab schließlich im August 1971 die Aufgabe der Goldkonvertibilität des US-Dollars bekannt. Nach der Wechselkursfreigabe der bedeutendsten Währungen kam es 1973 zum offiziellen Zusammenbruch des Bretton-Woods-Systems.

Mit dem Ende des Bretton-Woods-Systems waren die Wechselkurse nicht weiter an den Dollar gebunden, sondern bildeten sich frei durch Angebot und Nachfrage auf dem Devisenmarkt. Das sogenannte Floaten der Wechselkurse bedeutete auch, dass die Bundesbank an Macht gegenüber der Regierung gewann, da sie nun in der Lage war den Wechselkurs über die Geldmengenpolitik zu steuern (Beyer et al. 2009: 11). Zusammen mit ihrer Unabhängigkeit von Regierung und Parlament konnte sie weitgehend autonom über die Währungspolitik der Bundesrepublik entscheiden. Nach dem Ende des Bretton-Woods-Systems verfolgte die Bundesbank das Ziel die Inflation zu verringern und auf einem niedrigen Niveau zu halten, um so die Stabilität der D-Mark zu gewährleisten (ebd.). Mit dieser monetaristischen Geldpolitik und der Verknappung der Geldmenge war die Bundesbank in der Lage die keynesianistische Politik der Bundesregierung in den 1970er Jahren zu blockieren und so die Wirtschaftspolitik aktiv mitzubestimmen (Stützle 2013: 156).

Die Konzentration auf eine harte Währung mit einem stabilen Wechselkurs und geringer Inflation liegt auch im Interesse der exportorientierten Branchen (Richter 2006: 997). Mit der Steuerung der Geldmenge kann die Bundesbank Einfluss auf die Binnennachfrage nehmen und so für eine geringe Inflationsrate sorgen. Eine Schwächung der Binnenmarktnachfrage verhindert, dass die Nachfrage das schwache Binnenangebot, welches durch die Exportausrichtung besteht, übersteigt und dadurch steigende Preise zu Lohnsteigerungen führen (ebd.). Daher dient die Geldpolitik der niedrigen Inflation mit Dämpfung der Binnennachfrage den exportorientierten Branchen beim Ausbau ihrer preislichen Wettbewerbsfähigkeit[2].

---

[2] Richter merkt an, dass die Ausrichtung auf eine harte Währung auch schädlich für den Exportsektor sein kann, wenn sie zu einer Aufwertung der Währung führt (Richter 2006: 997). Dennoch muss sich daraus kein Widerspruch zwischen den Exporteuren und der Geldpolitik der Bundesbank ergeben: Eine harte Währung kann zu Preisdisziplin und Qualitätsverbesserung führen und damit letztendlich die Exporte fördern (ebd.).

Insofern förderte die monetaristische Geldpolitik der Bundesbank letztendlich die neomerkantilistische Wirtschaftspolitik.

2.2 Problematik des Europäischen Währungssystems

Mit der Freigabe der Wechselkurse konnten die europäischen Staaten auch wieder verstärkt Einfluss auf ihre Export- und Importdynamiken nehmen. Insbesondere Italien konnte mit der Abwertung der Lira nach dem Ende des Bretton-Woods-Systems seine Exporte erheblich steigern (Bellofiore et al. 2011: 127). Aufgrund des ausgeprägten Handels zwischen Italien und Deutschland wirkte sich die italienische Exportstärke auch direkt auf die deutsche Handelsbilanz aus und gefährdete die deutschen Überschüsse (ebd.). Zur Unterbindung kompetitiver Abwertungen und als Reaktion auf die Entwicklungen an den globalen Devisenmärkten wurde unter der Führung Deutschlands und Frankreichs 1979 das Europäische Währungssystem gegründet. Das EWS sollte die monetäre Integration fortführen, nachdem ein vorheriger Versuch zur Begrenzung von Wechselkursschwankungen gegenüber dem US-Dollar scheiterte. Es handelte sich dabei um den 1972 durch die Mitglieder der Europäischen Wirtschaftsgemeinschaft (EWG)[3] gegründeten Währungsverbund, auch als Währungsschlange im Tunnel bezeichnet (Eichengreen 1996: 205).

Dass sich die europäischen Staaten nach dem Scheitern der Währungsschlange auf ein neues Währungssystem verständigten, lässt sich laut Thomasberger in erster Linie mit der Funktionslogik der globalen Devisenmärkte begründen (Thomasberger 1993: 168). Der Wechsel zu einer restriktiven US-Geldpolitik 1979 und die daraus resultierende Aufwertung des US-Dollars sorgten demnach dafür, dass die europäischen Staaten anstatt des US-Dollars eine europäische Währung als externe Stabilisierung nutzen mussten (ebd.). Da sich die D-Mark schon während des Bretton-Woods-Systems zu einer dominanten Währung mit einer starken Stellung gegenüber dem US-Dollar entwickelt hatte, nahm sie die führende Position in der europäischen Währungshierarchie ein (ebd. 177). Die EWG-Staaten mit einer schwächeren Währung orientierten sich daher an der D-Mark, welche schließlich die Leitwährung im EWS bildete (ebd.).

---

3 Der EWG gehörten ab 1972 Frankreich, Italien, Luxemburg, Deutschland, Belgien und Niederlande an. Dänemark, Großbritannien und Irland traten 1973 bei.

Die Struktur der Währungsbeziehungen bildete die Basis für die Gründung des EWS. Dennoch brachte das System für die Bundesrepublik – mit der Einschränkung kompetitiver Abwertungen und der Schaffung eines stabilen Marktes – auch aus wirtschaftspolitischer Sicht Vorteile. Das EWS begünstigte insbesondere die deutsche Exportwirtschaft und stärkte den wirtschaftspolitischen Einfluss Deutschlands in Europa. Angesichts der Stellung der D-Mark im EWS nahm die Bundesbank mit ihren geldpolitischen Entscheidungen nicht nur Einfluss auf Deutschland, sondern ebenso auf alle weiteren EWS-Staaten. Die monetaristische Geldpolitik der Bundesbank, mit dem Ziel einer niedrigen Inflation und einer stabilen D-Mark, wirkte sich daher auch auf die Mitgliedsstaaten aus. Aufgrund der Leitwährungsfunktion der D-Mark waren die Zentralbanken der anderen EWS-Staaten dazu gezwungen die Stabilität ihrer Währungen zu erhöhen (Stützle 2013: 160). Die dadurch notwendigen Maßnahmen zur Verbesserung der Preisstabilität hatten jedoch für die währungsschwächeren EWS- Mitglieder eine Verzögerung der Kursanpassung an die D-Mark zur Folge (Thomasberger 1993: 175). Diese verlangsamte Angleichung und der Druck auf die EWS-Mitglieder ihre Währungen zu überbewerten führten zu einer realen Unterbewertung der D-Mark gegenüber den anderen EWS-Währungen (ebd.). Aus dieser Konstellation resultierte ein entscheidender Wettbewerbsvorteil für die Bundesrepublik.

Dennoch besaßen die Mitgliedsstaaten des EWS währungspolitischen Handlungsspielraum und waren in der Lage auf die Position Deutschlands zu reagieren. Zum einen handelte es sich beim EWS nicht um ein Festkurssystem, sodass die Mitgliedsstaaten ihre Währungen in einer Bandbreite von +/- 2,25 Prozent schwanken lassen konnten[4] (Eichengreen 1996: 215). Zum anderen war den Regierungen die Möglichkeit der Abwertung über Kurs-Neufestsetzungen gegeben (sogenannte Realignments) (ebd.). Das heißt, die EWS-Mitglieder konnten mit Abwertungen auf die Stellung der D-Mark reagieren und dem Verlust ihrer Wettbewerbsfähigkeit entgegenwirken. Die Neufestsetzungen der Wechselkurse erfolgten während den ersten vier Jahren des EWS regelmäßig, beschränkten sich ab 1983 allerdings auf eine jährliche Anpassung und wurden ab 1987 ganz eingestellt (ebd.).

Mit der Nicht-Anpassung der Wechselkurse verloren die EWS-Staaten das Instrument der Abwertung, sodass nun primär deren Inflationsraten die

---

[4] Alle EWG-Staaten außer Großbritannien beteiligten sich von Beginn an am Wechselkursverbund. Italien wies eine hohe Inflationsrate auf und konnte seine Währung in einer Anpassungsphase in einer Bandbreite von 6 Prozent schwanken lassen (Eichengreen 1996: 215).

Wettbewerbsfähigkeit im EWS-Raum bestimmten (Thomasberger 1993: 188). Wegen der bestehenden Unterbewertung der D-Mark und den divergierenden Inflationsraten kam es daher in der zweiten Hälfte der 1980er Jahre zu einer deutlichen
Wettbewerbsverbesserung der Bundesrepublik (ebd.). Der deutsche Exportsektor
profitierte zudem von der im europäischen Vergleich unterdurchschnittlichen Loh-
nentwicklung und ihrer inflationsdämpfenden Wirkung (Hein/Truger 2007: 21).
Daraus resultierten wachsende Handelsbilanzüberschüsse gegenüber den EWS-
Staaten.

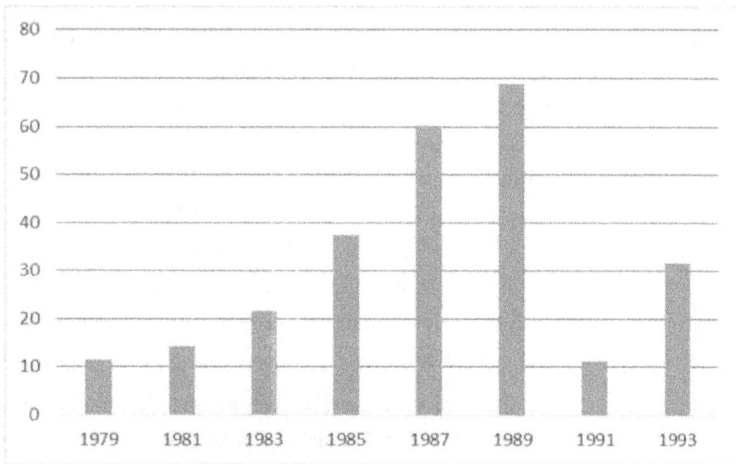

Abbildung 1: Deutsche Handelsbilanzüberschüsse in Mrd. Euro
Quelle: Statistisches Bundesamt 2015b: 2

In der ersten Hälfte der 1980er Jahre profitierte die Bundesrepublik von Handels-
bilanzüberschüssen gegenüber den USA, wohingegen die deutsche Leistungsbilanz
gegenüber den EWG-Mitgliedern 1985 noch ein Defizit von 0,2 Mrd. Euro aufwies
(Thomasberger 1993: 190). Mit der Reduzierung der Realignments und deren Ein-
stellung 1987 verzeichnete Deutschland jedoch bereits 1989 ein Plus von 33 Mrd.
Euro in der Leistungsbilanz gegenüber den EWG-Mitgliedern (ebd.). Während der
EWS-Raum einen profitablen Absatzmarkt für deutsche Exporte darstellte, trug
Deutschland auch mit einem schwachen Wachstum und einer im europäischen Ver-
gleich niedrigen Nachfrage nach Importen zu seinen Leistungsbilanzüberschüssen

bei (Bellofiore et al. 2011: 128). Eine Ausnahme bildeten dabei die Jahre 1988-1991[5] (ebd.).

Infolge der deutschen Wiedervereinigung brach die deutsche Handelsbilanz aufgrund der verschlechterten Wettbewerbsposition und der erhöhten Importnachfrage ein. Dies brachte für die EWS-Mitglieder einerseits den Vorteil die Exporte nach Deutschland steigern zu können (Thomasberger 1993: 210). Andererseits reagierte die Bundesbank zwecks Dämpfung der ansteigenden Inflation mit einer restriktiven Geldpolitik in Verbindung mit der Anhebung des Zinsniveaus. Damit induzierte sie nicht nur die Aufwertung der D-Mark, sondern auch die der anderen EWS-Währungen (ebd.). Die ansteigenden Zinssätze im EWS-Raum und die verschlechterte internationale Konkurrenzfähigkeit relativierten die Wettbewerbsverbesserungen der EWS-Staaten gegenüber Deutschland und verhinderten einen Abbau der Ungleichgewichte (ebd.).

Die bestehenden ökonomischen Divergenzen waren ein Grund für das vorläufige Ende des EWS 1993. Ein ebenfalls zentraler Faktor war die politische Unsicherheit über den weiteren Verlauf der europäischen Integration und die Entscheidung über den Vertrag von Maastricht 1992 (Schuster 1994: 209). Die Frage, ob die Mitgliedsstaaten ihre Währungen innerhalb der Bandbreite halten würden, begünstige Spekulationen gegen die Währungen des EWS. Nachdem sich die Mitgliedsstaaten nicht auf eine gemeinsame Strategie zur Lösung der entstandenen Währungskrise einigen konnten, folgten 1993 massive Spekulationswellen (ebd. 211). Daraufhin wurde die Bandbreite zur Begrenzung der Wechselkursschwankungen von +/- 2,25 Prozent auf +/- 15 Prozent erhöht, wodurch die Währungen faktisch frei floaten konnten.

Deutschland etablierte sich mithilfe des EWS als der dominierende neomerkantilistische Akteur in Europa. Die Beschränkung der Wechselkursschwankungen sowie der erweiterte geldpolitische Einfluss der Bundesbank auf die EWS-Staaten förderten die Wettbewerbsfähigkeit der Bundesrepublik in Europa. Die monetaristische Geldpolitik der Bundesbank begünstigte einerseits den Exportsektor in Deutschland und führte andererseits zur Unterbewertung der D-Mark und folglich zu einem entscheidenden Konkurrenzvorteil. Die Entwicklungen seit Gründung des EWS zeigen deutlich die stützende Funktion der Geldpolitik der Bundesbank

---

[5] Die deutschen Exporte nahmen im Jahr 1991 um 2,2 Prozent zum Vorjahr ab, während die Importe um 12,3 Prozent anstiegen (Statistisches Bundesamt 2015b: 2). Ab 1992 verzeichnete die deutsche Handelsbilanz wieder einen kontinuierlichen Anstieg (ebd.).

für den deutschen Neomerkantilismus. Sie zeigen auch, dass Deutschlands dominante Position im europäischen Integrationsprozess die Grundlage für den Erfolg des deutschen Neomerkantilismus und damit für den Ausbau der wirtschaftlichen Machtposition gelegt hat.

Das EWS hat zudem die Teilung der europäischen Staaten in Überschuss- und Defizitländer befördert. Auf der Überschussseite des europäischen Handelssystems standen neben Deutschland auch andere exportorientierte Mitgliedsstaaten wie die Niederlande, Belgien und Dänemark (Bellofiore et al. 2011: 129).

Italien, das zusammen mit Deutschland und Frankreich seit den 1960er Jahren die Strategie des Neomerkantilismus verfolgte und vor Einführung des EWS noch von seinen Exportüberschüssen profitierte, sah sich ab 1987 mit wachsenden Leistungsbilanzdefiziten konfrontiert. Die Realignments in der ersten Hälfte der 1980er Jahre konnten die italienische Wettbewerbsfähigkeit nur bedingt aufrechterhalten. Als mit dem Ende der Wechselkursneufestsetzungen ab 1987 die italienische Inflationsrate nicht mehr durch Abwertungen kompensiert werden konnte, brachen die Exporte ein (Bellofiore et al. 2011: 128). Um die Bandbreite des EWS einzuhalten, begann die italienische Regierung die Leistungsbilanzdefizite mit Kapitalzuflüssen zu finanzieren. Dies führte zu einem Anstieg der Staatsschulden und einer verstärkten Abhängigkeit von den globalen Kapitalmärkten (ebd.). Das von Deutschland dominierte EWS sorgte zwar für den Wandel Italiens von einem Überschuss- in ein Defizitland, doch nach dem Ende des EWS profitierte Italien von der Abwertung der Lira und konnte bis zum Beginn der Währungsunion eine aktive Leistungsbilanz realisieren (s. Abb. 2). Die italiensche Exportdynamik war demnach stark von Wechselkursanpassungen abhängig und stellte in Zeiten frei floatender Kurse eine Konkurrenz zu Deutschland dar.

Spanien und Portugal, die 1989 und 1992 dem EWS beigetreten waren, befanden sich innerhalb des europäischen Wettbewerbs in einer schwachen Position. Sie konnten mit der Exportdominanz der nordeuropäischen neomerkantilistischen Staaten nicht konkurrieren und wiesen konstante Handelsbilanzdefizite auf (ebd. 128). Damit bilden sie die Defizitseite des aus dem EWS gewachsenen polaren europäischen Handelssystems.

Das EWS und die daraus erwachsenen Spannungen schafften jedoch auch die Grundlagen und die Notwendigkeit für die Fortsetzung der europäischen Währungsintegration. Thomasberger merkt an, dass ein gemeinsames Währungssystem zwar Voraussetzung für eine währungspolitische Koordinierung sei, was im

Falle des EWS jedoch zu Divergenzen zwischen den Teilnehmenden geführt hat, die wiederum eine erweiterte monetäre Integration notwendig machten (Thomasberger 1993: 212). Dementsprechend basierte der Entschluss zur Fortführung der Währungsintegration nicht auf der einheitlichen, sondern der divergenten Entwicklung der EWS-Mitglieder.

3 Konstruktion der Wirtschafts- und Währungsunion

Die Schaffung der Europäischen Wirtschafts- und Währungsunion im Rahmen des Vertrages von Maastricht war einer der bedeutendsten Schritte der europäischen Integration. Die durch das EWS beförderten Ungleichgewichte konnten mit der Einführung der gemeinsamen Währung und der geldpolitischen Steuerung durch die Europäische Zentralbank (EZB) nicht abgebaut werden. Im Gegenteil: Der deutsche Neomerkantilismus entwickelte mit der Implementierung der WWU eine neue Dynamik und verschärfte die bestehenden Gegensätze zwischen den europäischen Staaten.

Einen entscheidenden Impuls für die Fortführung der wirtschaftspolitischen und monetären Integration gab der Delors-Bericht von 1989. Der Plan des Delors-Komitees[6] sah, anknüpfend an Europäische Akte von 1986, die Schaffung eines einheitlichen Binnenmarktes vor, um so den Wettbewerb in der europäischen Wirtschaft und auch zwischen den europäischen Staaten zu befördern (Eichengreen 1996: 220). In Anbetracht des sich verschärfenden internationalen Wettbewerbs mit den USA und Japan sollten europäischen Unternehmen die Nutzung von Skalen- und Verbundeffekten erleichtert und dadurch Kosteneinsparungen ermöglicht werden (Deppe 1991: 15). Die EWG-Mitglieder, die seit den 1970er Jahren der wachsenden globalen Konkurrenz mit Deregulierungsstrategien begegneten, sahen die liberalisierende Funktion des Binnenmarktes als Chance zur Verbesserung der globalen Wettbewerbsposition (ebd. 16). Zur Realisierung eines Binnenmarktes waren laut dem Delors-Bericht die Gewährleistung einheitlicher Preise und die Unterbindung von Wechselkursanpassung zur Regulierung der Ein- und Ausfuhren nötige Voraussetzungen (Eichengreen 1996: 220). Diese Kriterien können mithilfe eines einheitlichen Zahlungsmittels erfüllt werden, sodass für das Delors-Komitee die Etablierung einer gemeinsamen Währung mit der Schaffung des Binnenmarktes Hand in Hand gehen sollte (ebd.).

Nachdem sich der Europarat 1989 darauf verständigt hatte den Delors-Plan umzusetzen, arbeiteten die Regierungen der EWG-Mitglieder einen Vertrag aus, welcher 1992 als Vertrag über die Europäische Union in Maastricht unterzeichnet wurde und 1993 in Kraft trat. Der Vertrag von Maastricht sah wie der Delors-Plan die Umsetzung der Währungsunion in drei Schritten vor. Im ersten Schritt ab 1990 sollte

---

[6] Dem Komitee gehörten ein EG-Kommissar, die Vorsitzenden der Zentralbanken der EWG-Mitglieder sowie drei unabhängige Experten an (Eichengreen 1996: 222).

der Kapitalverkehr zwischen den Mitgliedsstaaten mit der Aufhebung von Kapital-vehrkerskontrollen liberalisiert und die Autonomie der nationalen Zentralbanken gestärkt werden (Schwarzer 2015: 20). Die Mitgliedsstaaten erklärten sich im zweiten Schritt ab 1994 bereit, sowohl die Preisstabilität zu fördern als auch die Reduktion von Haushaltsdefiziten zu forcieren (ebd.). Im dritten und letzten Schritt folgten die unwiderrufliche Festsetzung der Wechselkurse und die Implementie-rung der gemeinsamen Geldpolitik durch die EZB (ebd.).

Auf Druck der deutschen Regierung, enthielt der Vertrag von Maastricht zudem vier Konvergenzkriterien, welche die Währungsstabilität der Mitgliedsstaaten ge-währleisten sollten (Eichengreen 1996: 224):

- Im Jahr vor Umsetzung der Währungsunion sollte die Inflationsrate eines Mitgliedsstaates die der drei preisstabilsten Länder um nicht mehr als 1,5 Prozent übersteigen.

- Zweitens sollte der nominale langfristige Zinssatz im letzten Jahr höchstens zwei Prozent über dem der preisstabilsten Länder liegen.

- Drittens durfte der Wechselkurs über zwei Jahre die normalen Bandbreiten des EWS nicht über- oder unterschritten haben.

- Schließlich sollte der öffentliche Schuldenstand nicht 60 Prozent und das Haushaltsdefizit nicht drei Prozent des Bruttoinlandsproduktes (BIP) über-schreiten.

Die in den Stufen zur Währungsunion beschlossenen Maßnahmen sowie die Kon-vergenzkriterien spiegelten die bereits genannten Ziele der Bundesbank und ihrer monetaristischen Geldpolitik deutlich wider. Unabhängige nationale Zentralban-ken, niedrige Inflationsraten und die Fokussierung der Preisstabilität deckten sich mit den Zielen der Bundesbank seit den 1970er Jahren. Der Kompetenzbereich und die Unabhängigkeit der EZB zeugen von der starken Verhandlungsposition der deutschen Regierung und der Durchsetzung ihrer Interessen (Schwarzer 2015: 44). So ist das vertraglich festgelegte primäre Ziel der EZB die Sicherung der Preis-stabilität des Euro[7] (ebd. 43). Zudem ist die EZB unabhängig von den nationalen Regierungen und trifft alle Entscheidungen über die Geldpolitik der

[7] Die Konstruktion der Währungsunion und der EZB lässt sich einerseits mit der hegemonia-len Position Deutschlands im Verhandlungsprozess erklären, andererseits auch mit der Wäh-rungskonkurrenz gegenüber dem US-Dollar und der Absicht die Position des Euro auf den globalen Märkten zu stärken (Lapavitsas 2010a: 27).

Währungsunion eigenständig (ebd.). Da eine auf Preisstabilität und niedrige Inflation konzentrierte Geldpolitik im Interesse der exportorientierten Branchen liegt,
profitieren letztendlich die auf den Export ausgerichteten Unternehmen und transnationalen Konzerne von der WWU. Somit dienen sowohl der gemeinsame Binnenmarkt als auch die einheitliche Währung und Geldpolitik der EZB ihren Zielen.

Dass die Ausgestaltung der WWU dem Interesse der deutschen Industrie ent-
sprach, zeigen die Stellungnahmen des Deutschen Industrie- und Handelstages
(DIHT) und des Bundesverbandes der Deutschen Industrie e.V. (BDI) vor der Un-
terzeichnung des Vertrages von Maastricht. Die Mitglieder des DIHT und BDI, welche von der Stabilität der D-Mark profitierten, forderten das Ziel der Preisstabilität
als vorrangiges Ziel der Zentralbank festzulegen (Wendt 2002: 300). Zudem sollte
die Unabhängigkeit der zu gründenden EZB sichergestellt sein und die WWU auf
marktwirtschaftlichen Prinzipien basieren (ebd.). Wie auch letztlich auf deutsche
Initiative eingeführt, forderten der DIHT und BDI Konvergenzkriterien für die Aufnahme in die WWU (ebd.). Es zeigen sich also deutliche Überschneidungen in den
Ansprüchen der deutschen Industrie – dem Rückgrat des deutschen Neomerkantilismus seit den 1950er Jahren – an die WWU und deren finaler Umsetzung.

3.1 Transnationaler historischer Block

Das Projekt der WWU konnte jedoch nicht ohne den Konsens zwischen den europäischen Regierungen und den europäischen Zivilgesellschaften umgesetzt werden. Der Fakt, dass die WWU letztlich die Interessen des deutschen Exportsektors
und anderer global agierender europäischer TNK bedient, lässt sich mit einem Ansatz von Stephen Gill erklären. Er analysiert die Entstehung der WWU und die sie
befürwortenden sozialen Kräfte aus einer neo-gramscianischen Perspektive. Gill
betont, dass die europäische Integration nicht nur ein ökonomisches, sondern auch
ein zutiefst politisches Projekt ist (Gill 2001: 52). Entscheidend für die Umsetzung
der WWU war die Herausbildung eines neoliberalen transnationalen historischen
Blocks, welcher die Umstrukturierung des Staates und seiner Handlungen sowie
der Zivilgesellschaft forcierte (ebd. 54). Der Block vereinte Interessen von Finanz-
und produktivem Kapital, privilegierten ArbeiterInnen und kleineren Unternehmen sowie Teilen des Staatsapparates. Den größten transnationalen Konzernen
kam innerhalb des Blocks jedoch eine dominierende Stellung zu (ebd. 55). Sie sind
bis heute im European Roundtable of Industrialists (ERT) organisiert und bilden
damit ein äußerst einflussreiches Gremium.

Die Forderungen nach neoliberalen Reformen vonseiten des europäischen Kapitals lassen sich anhand der Entwicklungen innerhalb des ERT nachvollziehen. Sie zeigen auch, dass nicht alle Unternehmen von der Ausgestaltung der WWU und des europäischen Binnenmarktes profitierten. Bastian van Apeldoorn analysiert die Position des ERT gegenüber der Schaffung des europäischen Binnenmarktes sowie der WWU und zeigt die Spaltung des Gremiums auf (Apeldoorn 2001). Der ERT war demnach geteilt in eine neomerkantilistische Fraktion, bestehend aus: a) europäischen Unternehmen, die den europäischen Markt fokussierten und deren Schutz forderten und b) einer neoliberalen Fraktion, zusammengesetzt aus global agierenden Finanzdienstleistern und auf den globalen Markt ausgerichteten europäischen Unternehmen (ebd. 77). Mit Beginn der 1990er Jahre und dem zunehmenden globalen Wettbewerb haben sich viele Unternehmen der neomerkantilistischen Fraktion globalisiert, sodass sich die neoliberale Fraktion im ERT durchsetzte (ebd. 80).

Der transnationale historische Block vereinte Positionen aus unterschiedlichen Klassen und Nationen, folglich kann die gesonderte Stellung des neoliberal orientierten europäischen Kapitals nicht alleine die Position des Blocks erklären. Der Konsens von staatlichen AkteurInnen und von Teilen der Zivilgesellschaft zur Umstrukturierung des Staates resultiert laut Gill aus dem Prozess der ökonomischen Globalisierung und dem daraus gewachsenen disziplinierenden Neoliberalismus[8] (Gill 2001: 50). Um Währungsinstabilität, wirtschaftlicher Stagnation oder erodierender Wettbewerbsfähigkeit zu begegnen, haben Regierungen Reformen vollzogen, welche die Transparenz und Glaubwürdigkeit gegenüber den internationalen Märkten erhöhen sollten (ebd. 51). Es ist daher das gemeinsame Ziel der AkteurInnen des transnationalen historischen Blocks, den Staat für die Interessen und Anforderungen von TNK, FinanzdienstleisterInnen und institutionellen InvestorInnen zu öffnen (ebd. 54). Die Gründung der EZB und die Abtrennung der Geldpolitik von nationalen Entscheidungsprozessen sind Ausdruck dieser Strategie. Die Autonomie der EZB führt dazu, dass Entscheidungen über die Wirtschafts- und Geldpolitik unabhängiger von demokratischer Legitimation und Regierungen werden, hingegen aber abhängiger von den Entscheidungen der MarktteilnehmerInnen (ebd. 51). Gill bezeichnet diese Ausgestaltung der WWU als „Neuen Konstitutionalismus" (ebd. 47).

---

[8] Der Begriff beschreibt die gewachsene Macht der internationalen Märkte und ihren disziplinierenden Charakter gegenüber Regierungen, Unternehmen und ArbeiternehmerInnen (Gill 2001: 50).

Dass die Umsetzung der WWU den Interessen deutscher und europäischer TNK entspricht, resultiert also nicht nur aus ihrer privilegierten Verhandlungsposition infolge ihrer ökonomischen Bedeutung, sondern ebenfalls aus einem gewandelten neoliberalen Staatsverständnis und dessen Realisierung durch staatliche und zivilgesellschaftliche AkteurInnen.

3.2 Stabilitäts- und Wachstumspakt

Mit dem Vertrag von Maastricht schufen die europäischen Regierungen ein Vertragswerk, welches den Mitgliedsstaaten die Kontrolle über ihre Geldpolitik entzog. Außerdem zwangen die vereinbarten Konvergenzkriterien die BeitrittskandidatInnen zu fiskalpolitischer Disziplin und Fokussierung der Preisstabilität. Aus diesem Grund mussten die zukünftigen WWU-Mitglieder ihre Geld- und Fiskalpolitik schrittweise dem ‚deutschen Modell', gleichbedeutend mit restriktiver Geldpolitik, niedriger Inflation und Wechselkursstabilität, anpassen. Im Prozess zur Etablierung der WWU wuchs die Sorge von stabilitätsorientierten AkteurInnen aus Deutschland, den Niederlanden und Österreich vor einer mangelnden Disziplinierung der Regierungen durch den Vertrag von Maastricht (Schwarzer 2015: 80). Die Konvergenzkriterien im Vertrag von Maastricht legten fiskalische Kriterien für den Beitritt zur WWU fest, jedoch keine Regelungen für eine fiskalpolitische Kontrolle nach dem Beginn der Währungsunion. 1996 schlug Deutschland den Stabilitäts- und Wachstumspakt (SWP) vor, um auch nach dem Beitrittsprozess die fiskalpolitische Disziplin der Mitgliedsstaaten gewährleisten zu können (ebd.). Das war aus deutscher Perspektive notwendig, denn der Erfolg der gemeinsamen Währung hing demnach von ihrem Bestehen gegenüber den internationalen Finanzmärkten ab (Stützle 2013: 270). Um das Vertrauen der AkteurInnen auf den internationalen Finanzmärkten in die neue Währung zu gewährleisten, sollten die Regierungen der Mitgliedsstaaten einen ausgeglichenen Staatshaushalt erzielen (ebd.). Der 1997 beschlossene SWP sah für die Mitgliedsstaaten daher vor: Die jährlichen Haushaltsdefizite dürfen drei Prozent des BIP und der öffentliche Schuldenstand darf 60 Prozent des BIP nicht überschreiten (Schwarzer 2015: 80). Die Europäische Kommission sollte die Einhaltung der Kriterien überwachen und war – mit der Zustimmung des Ministerrates – befugt ein Defizitverfahren einzuleiten, sollte ein Mitgliedsstaat gegen den SWP verstoßen (ebd.). Zudem konnte der Ministerrat Korrekturvorgaben zur Haushaltskonsolidierung aussprechen und Sanktionen gegen ein WWU-Mitglied verhängen, sollte dieses die Vorgaben nicht fristgereicht umgesetzt haben (ebd.).

Die Limitierung des fiskalpolitischen Handlungsspielraums der WWU-Mitglieder, mit dem Ziel das Vertrauen der internationalen Finanzmärkte in die gemeinsame Währung zu erhöhen, ist ein weiteres Beispiel des disziplinierenden Neoliberalismus nach Gill. Die Disziplinierung nationaler Regierungen und die Einschränkung demokratischen Einflusses auf die nationale Fiskalpolitik wurden mit dem SWP zugunsten von AkteurInnen auf den internationalen Finanzmärkten vertraglich verankert. Dementsprechend ist der SWP, wie auch der Vertrag von Maastricht und die Architektur der EZB, Ausdruck des neuen Konstitutionalismus (Stützle 2013: 295). Gleichzeitig zeugt die Einführung des SWP von der hegemonialen Position Deutschlands im europäischen Integrationsprozess (ebd.).

4 Der deutsche Neomerkantilismus im Kontext der Währungsunion

Der im Vertrag von Maastricht festgelegte dreistufige Prozess zur Umsetzung der Währungsunion fand 1999 seinen Abschluss. Im Dezember 1998 wurden die Wechselkurse unwiderruflich festgelegt und im Januar 1999 startete die Währungsunion mit elf Mitgliedsstaaten[9] (Schwarzer 2015: 26). Obwohl die elf Gründungsmitglieder das Konvergenzkriterium des jährlichen Haushaltsdefizits von unter drei Prozent des BIP im Jahre 1998 erfüllten, konnten nur drei Staaten eine Gesamtverschuldung von unter 60 Prozent des BIP aufweisen (ebd.). Dennoch trat die Währungsunion in Kraft und die EZB nahm ihre Arbeit auf. 2002 wurde schließlich der Euro als alleiniges Zahlungsmittel festgelegt.

Mit dem Beginn der Währungsunion entwickelte auch der deutsche Neomerkantilismus eine neue Dynamik. Die hegemoniale Position Deutschlands in der Konzeption und Realisierung des europäischen Binnenmarktes, der Währungsunion, der EZB und des SWP führten zu einer soliden Grundlage für die Fortsetzung der neomerkantilistischen Strategie der Bundesrepublik. Die Liberalisierung des Handels in Europa sowie die Abgabe geld- und fiskalpolitischer Souveränität schränken jedoch die staatlichen Einflussmöglichkeiten auf den Außenhandel ein. Insofern war die Fortsetzung der europäischen Integration im Rahmen des europäischen Binnenmarktes und der WWU nicht per se förderlich für eine neomerkantilistische Wirtschaftspolitik. Dies zeigt auch die divergierende Entwicklung der Leistungsbilanzsalden der beiden neomerkantilistisch orientierten Staaten Italien und Deutschland (s. Abb. 2).

Die deutsche neomerkantilistische Wirtschaftspolitik erwies sich ab der Jahrtausendwende, insbesondere für den deutschen Exportsektor, als sehr erfolgreich. Der erneute Erfolg des deutschen Neomerkantilismus beruhte einerseits auf der Konstruktion beziehungsweise den Konstruktionsfehlern der Währungsunion und andererseits auf der Fokussierung des preislichen Wettbewerbs deutscher Unternehmen gegenüber den europäischen KonkurrentInnen. Beide Aspekte sollen im Folgenden erläutert werden.

---

[9] Diese waren: Belgien, Niederlande, Luxemburg, Frankreich, Italien, Spanien, Portugal, Deutschland, Österreich, Irland und Finnland. Griechenland trat der Währungsunion 2001 bei.

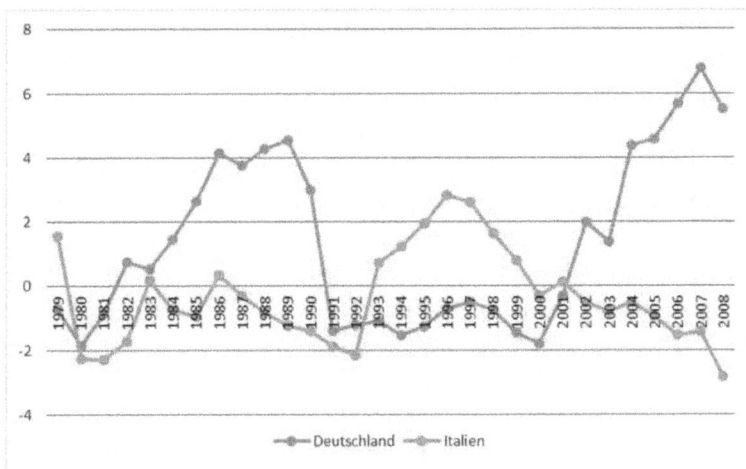

Abbildung 2: Leistungsbilanzen in Prozent des BIP
Quelle: OECD 2015

4.1 Lohnstückkostenwettbewerb in der Währungsunion

Die Realisierung der WWU war ein politisches Projekt, welches auf dem Konsens zwischen den europäischen Regierungen und AkteurInnen der europäischen Zivilgesellschaften basierte. Die WWU selbst war jedoch auf die monetäre Integration fokussiert, welche im nächsten Schritt die wirtschaftliche Angleichung und damit die Vertiefung der politischen Integration in Europa befördern sollte (Sardoni/Wray 2007: 70). In diesem Rahmen gaben die Mitgliedsstaaten der Währungsunion ihre geldpolitische Souveränität auf und schränkten ihre Entscheidungsfreiheit über die Fiskalpolitik ein, ohne über eine Institution zur politischen Koordinierung ihrer fiskal- und wirtschafspolitischen Aktivitäten zu verfügen. Deshalb entscheidet die EZB autonom über die Geldpolitik der Währungsunion und wird durch keine Institution zur Koordinierung der Fiskalpolitik ergänzt (ebd.). Jene Konstruktion der WWU entspricht dem neoliberalen Verständnis auf dem sie beruht: Fiskalpoltische Eingriffe einer politischen Institution widersprechen der disziplinierenden Wirkung der Märkte. Mit dem Fehlen eines fiskalpolitischen Pendants zur EZB kommt den Entscheidungen der Zentralbank letztendlich ein größeres Gewicht zu.

Das vertraglich festgelegte Ziel der EZB besteht in der Sicherung der Preisstabilität. Die Stabilitätsorientierung führte mit dem Beginn der Währungsunion zu einer Fortsetzung der restriktiven Geldpolitik der Bundesbank auf europäischer Ebene.

Eine restriktive und auf niedrige Inflation ausgelegte Geldpolitik wirkt sich jedoch negativ auf das Nachfrageverhalten privater und öffentlicher Haushalte aus und schwächt die Bereitschaft Investitionen zu tätigen (ebd. 71). Zur Stimulierung der dadurch geschwächten Nachfrage, können Regierungen in der Regel auf konjunkturfördernde Maßnahmen zurückgreifen. Die Regierungen innerhalb der Eurozone sind hingegen durch den Stabilitäts- und Wachstumspakt in der Nutzung antizyklischer Maßnahmen beschränkt und zu fiskalpolitischer Disziplin gezwungen. Diese Kombination führte zu einem schwachen Wachstum innerhalb der Eurozone und damit zu einer Belastung der öffentlichen Haushalte aufgrund sinkender Steuereinnahmen (ebd.). Um die Defizitkriterien des SWP einzuhalten, konnten die Mitglieder der Währungsunion wiederum nicht auf antizyklische Maßnahmen zurückgreifen, sondern schwächten mit prozyklischen Eingriffen zusätzlich die Nachfrage (ebd.). Infolgedessen durchlief die Eurozone eine Phase der Stagnation und profitierte nicht signifikant vom starken Wachstum der Weltwirtschaft ab 2002 (Bibow 2007: 301). Während die Weltwirtschaft einen fünfjährigen Aufschwung erlebte, blieb das Wachstum in der Eurozone auf einem niedrigen Niveau[10] (ebd.). Eine weitere Konsequenz des schwachen Wachstums in der Eurozone stellte die Abhängigkeit der Mitgliedsstaaten von ausländischer Nachfrage zur Stimulierung des Wirtschaftswachstums dar (Sardoni/Wray 2007: 71). Wenn jedoch die Staaten der Währungsunion ihre Exporte in Staaten inner- und außerhalb der Eurozone steigern, ergibt sich eine verschärfte Konkurrenzsituation zwischen ihnen.

Wie bereits dargelegt, können Staaten die Exportchancen der Unternehmen mithilfe von Wechselkursanpassungen verbessern. Die Abwertung der eigenen Währung kann zur Steigerung der Exporte und zur Begrenzung der Importe genutzt werden[11]. Das trifft allerdings nur dann zu, wenn die Wechselkurse ungebunden sind und frei floaten können. Die Mitgliedsstaaten der Währungsunion haben durch die Nutzung der gemeinsamen Währung und fehlendem Einfluss auf die Geldpolitik keine Möglichkeit mit einer Abwertung auf die Entwicklung ihrer Exporte oder Importe zu reagieren. Die einzige Möglichkeit die Wettbewerbsfähigkeit

---

[10] Diese Phase der Stagnation ist einerseits Ursache aber auch andererseits Folge neomerkantilistischer Strategien in der Eurozone (Cafruny/Talani: 22). Wie im weiteren Verlauf gezeigt werden wird, trug auch der deutsche Neomerkantilismus zum schwachen Wachstum in der Eurozone bei.

[11] Eine Abwertung der Währung ist ebenfalls mit Risiken verbunden, wenn beispielsweise höhere Importkosten zu einer Lohn-Preis-Spirale führen oder wenn es zu einer realen Abwertung kommt und die Realeinkommen sinken (Herr/Kazandzsika 2007: 132).

innerhalb dieses Settings zu verbessern, liegt in einem niedrigeren Anstieg des Preisniveaus als in anderen Staaten der Währungsunion (Herr/Kazandzsika 2007: 132). Der Anstieg des Preisniveaus wird insbesondere durch das Lohnstückkostenwachstum beeinflusst, sodass den Lohnstückkosten im innereuropäischen Wettbewerb eine entscheidende Rolle zukommt (ebd.). Sie geben die gesamten Lohnkosten inklusive der Sozialabgaben pro produzierter Einheit an und resultieren aus der Division des realen Stundenlohns durch die Arbeitsproduktivität (Dullien 2010: 22). Dabei sollten die gesamtwirtschaftlichen Lohnstückkosten und nicht nur die des Industriesektors betrachtet werden. Denn auch Unternehmen des produzierenden Gewerbes kaufen Dienstleistungen ein und sind von den Lohnstückkosten im Dienstleistungssektor in ihrer Wettbewerbsfähigkeit betroffen (ebd.).

4.2 Grundlagen der deutschen Wettbewerbsfähigkeit

Die Europäische Kommission konstatiert, dass seit 1999 insbesondere die Auslandsnachfrage die Exporte der Mitglieder der Eurozonen gefördert hat und die Gegensätze in den Exportbilanzen auf Differenzen in der preislichen Wettbewerbsfähigkeit zurückzuführen sind (Europäische Kommission 2010: 23). In diesem preislichen Wettbewerb setzte sich Deutschland mit einem schwachen Lohnstückkostenwachstum durch. Das Wachstum der deutschen Lohnstückkosten lag seit Mitte der 1990er Jahre unter dem Durchschnitt der Eurozone und war ab 2004 sogar rückläufig (Hein/Truger 2007: 21). Diese Stagnation der Lohnstückkosten verhalf den deutschen Unternehmen zu einer signifikanten Verbesserung ihrer Wettbewerbsposition. Joebges et al. merken jedoch an, dass die deutschen Exporte in Staaten außerhalb der Eurozone vielmehr von Investitionsdynamiken in den Importländern und der Produktqualität abhängig sind, als von der preislichen Wettbewerbsfähigkeit (Joebges et al. 2011: 13). In der Eurozone spielt sie hingegen eine entscheidendere Rolle, sodass sich die stagnierenden Lohnstückkosten in erster Linie positiv auf die Wettbewerbsfähigkeit innerhalb Währungsunion auswirkten (ebd.). Die Grundlage der stagnierenden Lohnstückkosten und deren Auswirkungen auf die Wachstumsdynamik sind elementar für die Entwicklung des deutschen Neomerkantilismus und sollen im Folgenden dargestellt werden.

Lohnstückkosten können mithilfe verschiedener Prozesse gesenkt werden. Eine Möglichkeit besteht in der Steigerung der Produktivität, bei einem gleichzeitig langsameren Anstieg der Nominallöhne (Herr/Kazandzsika 2007: 133). Wächst die Produktivität schneller als die Nominallöhne, können die Lohnstückkosten sinken und die Reallöhne steigen (ebd.). Das traf auf die deutschen Lohnstückkosten jedoch nicht zu. Die Arbeitsproduktivität stieg in Deutschland zwar an, lag aber nur geringfügig über dem Durchschnitt der Eurozone (Joebges et al. 2011: 13). Das heißt, nicht ein überdurchschnittlicher Anstieg der Arbeitsproduktivität, sondern eine Lohnzurückhaltung bei durchschnittlich wachsender Produktivität hat für das schwache und schließlich negative Wachstum der deutschen Lohnstückkosten gesorgt (ebd.).

Die Stagnation der Reallöhne bedingte nicht nur sinkende Lohnstückkosten, sondern auch geringere Einkommen der privaten Haushalte. Mit der Lohnzurückhaltung ging daher eine Stagnation des Konsums der privaten Haushalte und damit eine Schwächung der Binnennachfrage einher (Van Treeck/Sturn 2012: 83). Hinzu kam eine erhöhte individuelle Sparquote aufgrund von Verunsicherungen im Hinblick auf den Abbau wohlfahrtsstaatlicher Leistungen – beispielsweise die Teilprivatisierung der Altersvorsorge (ebd. 45). Dieses Sparverhalten schwächte den Konsum zusätzlich, sodass Deutschland innerhalb der Eurozone das geringste Wachstum hinsichtlich des Konsums privater Haushalte aufwies (Joebges et al. 2011: 14).

Des Weiteren trug die Entwicklung der deutschen Lohnstückkosten maßgeblich zur niedrigen Inflationsrate der Bundesrepublik bei (Hein/Truger 2007: 21). Zur Zeit des EWS boten die im Vergleich niedrigen Lohnstückkosten sowie geringe Inflation der Bundesbank die Möglichkeit niedrige Nominal- und Realzinsen festzusetzen (ebd.). Im Gegensatz zum EWS gibt die EZB in der Währungsunion eine einheitliche Geldpolitik vor, sodass die stagnierenden Lohnstückkosten und damit die unterdurchschnittliche Inflation zu höheren Realzinsen führten (ebd.). Hohe Realzinsen haben wiederum eine direkte Auswirkung auf die Investitionsbereitschaft von Unternehmen sowie von privaten und öffentlichen Haushalten. Sie führen zu einer geringeren Bereitschaft Kredite für Investitionen oder den Konsum aufzunehmen und schwächen beispielsweise den privaten Wohnungsbau (Herr/Kazandzsika 2007: 134).

Neben dem zurückhaltenden Konsum- und Investitionsverhalten privater Haushalte, schwächte auch die Konsum- und Investitionsbereitschaft der Bundesregierung das Binnenwachstum. Dazu haben die hohen Realzinsen und die prozyklische Fiskalpolitik infolge des wirtschaftlichen Abschwungs nach dem Platzen der „New Economy Blase" 2000 beigetragen (Van Treeck/Sturn 2012: 45). Der Beitrag der öffentlichen Ausgaben und Investitionen zum Wachstum des BIP lag daher ab 2001 unter dem Durchschnitt der Eurozone (ebd.).

Während die Ausgaben und Investitionen der privaten und öffentlichen Haushalte rückläufig waren, lässt sich keine Veränderung im Investitionsverhalten deutscher Unternehmen seit Beginn der Währungsunion erkennen (ebd. 86). Insgesamt hielten sich die Investitionen auf einem niedrigen und die Spareinlagen deutscher Unternehmen weiterhin auf einem hohen Niveau (OECD 2012: 13). Außerdem erhöhten deutsche Unternehmen und Konzerne ab der ersten Osterweiterung der EU 2004 ihre ausländischen Direktinvestitionen (ADI) (ebd. 14). Dieser Anstieg der ADI spiegelte auch die Outsourcing Strategien deutscher Unternehmen und Konzerne nach Osteuropa wider (ebd.). Sie zielen auf eine Verbesserung der Wettbewerbsfähigkeit durch die günstigere Herstellung von Vorprodukten und deren Import nach Deutschland. Somit können deutsche Unternehmen von günstigen Vorleistungen und niedrigen Lohnstückkosten profitieren, während in Deutschland die Investitionsquote auf einem niedrigen Niveau bleibt und Einkommensverluste entstehen.

Auf das gesamtwirtschaftliche Binnenwachstum der Bundesrepublik bezogen, resultierten die dargestellten Entwicklungen in der schwächsten durchschnittlichen Wachstumsrate in der Eurozone im Zeitraum von 1997 bis 2007 (Van Treeck/Sturn 2012: 39). Die schwachen Wachstumsraten konnten nicht durch den Anstieg der Exporte kompensiert werden, da sie einen kleineren Anteil am Bruttoinlandsprodukt ausmachten als der private Konsum (Joebges et al. 2011: 14). Die schwache Binnenmarktnachfrage als Teil der deutschen neomerkantilistischen Wirtschaftspolitik ermöglichte in Kombination mit steigenden Exporten wachsende Handelsbilanzüberschüsse. Die schwache Importnachfrage der größten Volkswirtschaft in der Eurozone verschlechterte gleichzeitig die Exportchancen der anderen Mitgliedsstaaten und trug zum schwachen Wachstum in der Eurozone bei.

4.3 ProfiteurInnen des deutschen Neomerkantilismus

Die verbesserte Wettbewerbsfähigkeit deutscher Unternehmen innerhalb der Eurozone und die gesteigerte Weltmarktnachfrage ab 2002, sorgten für einen deutlichen Anstieg der deutschen Exporte seit dem Beginn der Währungsunion. Die stagnierenden Lohnstückkosten waren für die deutschen exportorientierten Unternehmen in zweierlei Hinsicht von Nutzen. Zum einen verbesserten sie die preisliche Wettbewerbsfähigkeit, insbesondere gegenüber KonkurrentInnen aus der Eurozone. Zum anderen sorgten sie für eine niedrige Inflationsrate und wirkten damit Preis- und Lohnsteigerungen entgegen. Die Schwächung des Binnenwachstums durch geringe staatliche Ausgaben und Investitionen verhinderte ebenfalls einen

Anstieg der Nachfrage und Preissteigerungen. Doch auch die restriktive Geldpolitik der EZB und der hohe Realzinssatz schwächten das deutsche Wachstum.

Dies ist jedoch keineswegs für alle deutschen Unternehmen begrüßenswert. Es bevorteilt Unternehmen und Konzerne, die auf den Export ausgerichtet und nicht auf die Nachfrage auf dem heimischen Binnenmarkt angewiesen sind. Die statistischen Daten des deutschen Außenhandels zeigen, dass wenige große Unternehmen für den Großteil des deutschen Außenhandels verantwortlich sind (s. Abb. 3). Im Jahr 2007 kamen 694 Unternehmen mit einem Umsatz von über 100 Millionen Euro im Intrahandel[12] – von insgesamt 236.885 am Intrahandel beteiligten Unternehmen – für 58 Prozent der Ausfuhren in die EU auf (Statistisches Bundesamt 2008: 486).

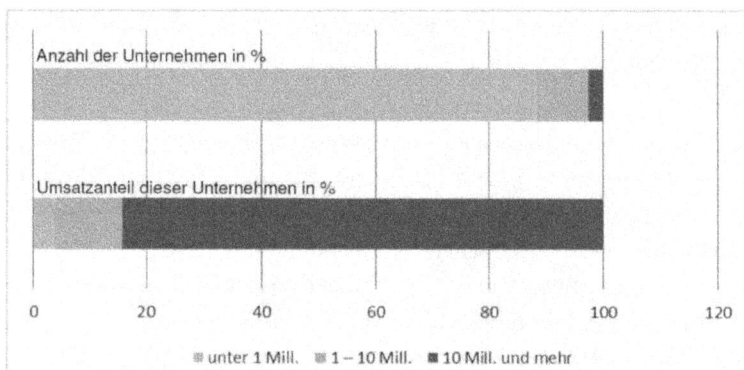

Abbildung 3: Intrahandel nach Unternehmensgrößen 2007, Ausfuhren in Euro
Quelle: Statistisches Bundesamt 2008: 486

Der Großteil aller deutschen Exporte, insgesamt 74,1 Prozent im Jahr 2007, entfällt auf Vorleistungs- und Investitionsgüter (ebd. 474). Diese Güter werden von Industrieunternehmen hergestellt und grundsätzlich im weiteren Produktionsprozess eingesetzt. Demzufolge sind es in erster Linie große deutsche Unternehmen und transnationale Konzerne aus dem Industriesektor, die von der Wechselwirkung niedriger Lohnstückkosten und schwachem Binnenwachstum profitieren. In Anbetracht höherer Dividenden bei steigenden Unternehmensgewinnen liegt diese Entwicklung ebenfalls im Interesse von AktionärInnen und FinanzinvestorInnen.

---

[12] Der Begriff meint den Handel Deutschlands mit anderen Staaten innerhalb der Europäischen Union.

Die deutschen Industrieunternehmen und transnationalen Konzerne können dem bereits vorgestellten transnationalen historischen Block zugeordnet werden. Die Konstruktion der Währungsunion und des SWP sowie die Architektur der EZB reflektieren ihr Engagement im Rahmen des ERT. In den Jahren nach Beginn der Währungsunion profitierten sie schließlich von der monetären Integration. Der Erfolg der deutschen Industrieunternehmen und TNK beruht jedoch nicht nur auf der Konstruktion der Währungsunion oder der Geldpolitik der EZB, sondern auch auf politischen Entscheidungen und Kompromissen auf nationaler Ebene. Wie auf regionaler Ebene, waren sie ebenso auf nationaler Ebene auf den Konsens mit VertreterInnen des Staatsapparates und anderen Teilen der Zivilgesellschaft angewiesen. Für die Lohnzurückhaltung und das ab 2004 negative Wachstum der Lohnstückkosten waren die Übereinkunft von Unternehmen und Gewerkschaften sowie Arbeitsmarktreformen notwendig.

Der Argumentation von Stephen Gill folgend können die stagnierenden Lohnstückkosten auch auf neoliberale Reformen im Kontext des disziplinierenden Neoliberalismus zurückgeführt werden. Sie zielen darauf ab, den Staat und die Zivilgesellschaft für die Interessen von MarktteilnehmerInnen zu öffnen und beinhalten die aktive Restrukturierung des Staatsapparates, regierungspolitischer Verfahren und zivilgesellschaftlicher Institutionen (Gill 2001: 51). Als Beispiele für neoliberale Reformen in Deutschland können die Hartz Reformen ab 2002, die Förderung atypischer Arbeitsverhältnisse, die Reduktion der Staatsausgaben, Kürzungen der Steuern für Unternehmen und hohe Einkommen oder Privatisierungsmaßnahmen herangezogen werden (Van Treeck/Sturn 2012: 45). Das heißt, die neomerkantilistische Strategie niedriger Lohnstückkosten und steigender Gewinne exportorientierter Unternehmen ist kein alleiniges Projekt des produktiven Kapitals. Sie ist eingebettet in ein neoliberales Verständnis von VertreterInnen des Staatsapparates sowie weiterer AkteurInnen der Zivilgesellschaft und einer geschwächten Verhandlungsposition der Gewerkschaften. Dies schuf letztendlich die Voraussetzungen zur Realisierung der notwendigen sozial-, lohn- und arbeitsmarktpolitischen Rahmenbedingungen.

Während die exportorientierten Unternehmen und TNK von der neoliberalen Umstrukturierung in Verbindung mit dem schwachen Binnenwachstum profitierten und ihr Vermögen vermehren konnten, stieg die Ungleichheit der Einkommensverteilung in Deutschland massiv an. Seit dem Jahr 2000 sind die Ungleichheit der Einkommen und die Armut in Deutschland so schnell gestiegen wie in keinem anderen OECD-Land (OECD 2008: 1).

5 Leistungsbilanzungleichgewichte in der Eurozone

Die steigenden Exporte inner- und außerhalb der Eurozone, stagnierende Lohnstückkosten und wachsende Ungleichheit der Einkommensverteilung sowie eine
geschwächte Importnachfrage im Kontext eines schwachen Binnenwachstums cha-
rakterisierten den deutschen Neomerkantilismus seit dem Beginn der Währungsunion. Deutschland festigte somit seine Position als dominanter neomerkantilistischer Akteur in Europa. Innerhalb einer Währungsunion hat eine solche wirtschaftspolitische Strategie jedoch auch direkte Auswirkungen auf die weiteren Mitgliedsstaaten.

Aufgrund der gesamtwirtschaftlich schwachen Binnenmarktnachfrage schuf
Deutschland eine verhältnismäßig niedrige Nachfrage nach Importen. Zwar stiegen
die deutschen Einfuhren im Zeitraum von 1999 bis 2007 an, doch deren Wachstumsrate blieb deutlich hinter der der Exporte zurück (Statistisches Bundesamt
2008: 473). Das zeigt sich deutlich am Auseinanderdriften der Export- und Import-
bilanz ab 2000 und der damit verbesserten Handelsbilanz (ebd.). Nach passiven
Leistungsbilanzsalden in den 1990er Jahren als Konsequenz der Wiedervereinigung, stiegen sie im Zeitraum von 2001 bis 2007 wieder kontinuierlich an.

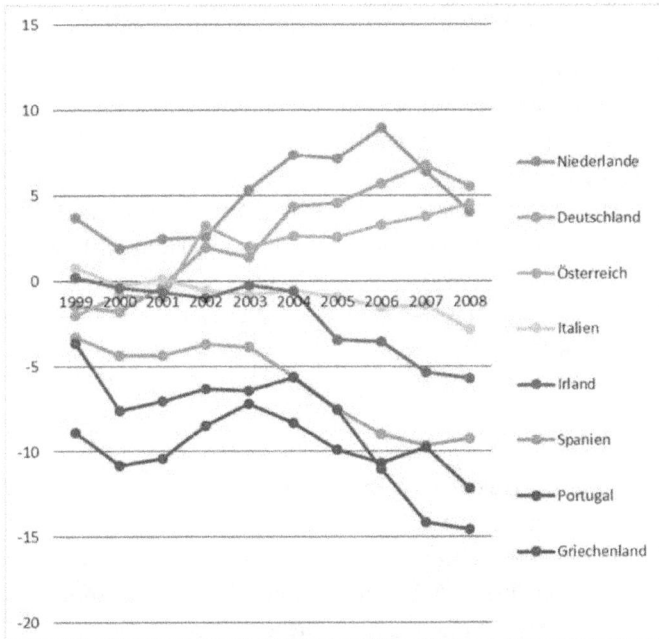

Abbildung 4: Leistungsbilanzsalden in Prozent des BIP
Quelle: OECD 2015

Wie zu Beginn erläutert, bedingen Leistungsbilanzüberschüsse eines Staates immer auch Leistungsbilanzdefizite anderer Staaten. Trotz des schwachen Wachstums innerhalb der Währungsunion spielte der Handel mit den Staaten der Eurozone eine weiterhin wichtige Rolle. Das zeigt die geografische Verteilung der Exporte deutscher Unternehmen und TNK. Von den deutschen Ausfuhren gingen im Jahr 2007, wie schon im Jahr 2005, 38 Prozent in die Eurozone (Statistisches Bundesamt 2006: 471; Statistisches Bundesamt 2008: 479). Das heißt, die deutschen Export- und Leistungsbilanzüberschüsse mussten durch Leistungsbilanzdefizite oder rückläufige Überschüsse anderer Staaten der Eurozone reflektiert werden (Hein/Truger 2007: 22). Die Konsequenz war eine Verhärtung der schon während des EWS entstandenen Ungleichgewichte, wie die Verläufe der Leistungsbilanzsalden innerhalb der Währungsunion zeigen (s. Abb. 4).

5.1 Wirtschaftspolitische Entwicklung der Mitgliedsstaaten

Die Mitgliedsstaaten der Eurozone haben sich seit dem Beginn der Währungsunion sehr heterogen entwickelt. Dennoch ist anhand des Vergleichs der Leistungsbilanzsalden eine Einteilung in Überschuss- und Defizitländer möglich. Der ersten Gruppe gehören Deutschland, die Niederlande, Luxemburg, Belgien, Finnland und Österreich an. Der Gruppe der Defizitländer können Irland[13], Griechenland, Italien, Portugal und Spanien zugeordnet werden. Die Zuordnung Frankreichs zu einer der beiden Gruppen ist hingegen nicht eindeutig möglich. Zum besseren Verständnis der Ungleichgewichte in der Eurozone sollen die wirtschaftspolitische Entwicklung in diesen Staaten und deren Wettbewerbfähigkeit im Kontext der Währungsunion erläutert werden.

Neomerkantilistischer Block

Die Benelux-Staaten, Österreich und Finnland bilden zusammen mit der Bundesrepublik einen neomerkantilistischen Block in der Eurozone. Dank ihrer entwickelten Industriesektoren sind sie in hohem Maße in deutsche Produktionsprozesse integriert (Becker/Jäger 2011: 6). Den Staaten des Blocks ist außerdem eine gestärkte Wettbewerbfähigkeit durch ein schwaches Wachstum der Lohnstückkosten infolge restriktiver Lohnpolitiken gemein (ebd.). Sie alle verzeichneten bis 2007 aktive Leistungsbilanzsalden, die sie entweder seit dem Beginn der Währungsunion oder, im Falle von Österreich und Deutschland, seit 2002 aufwiesen (s. Abb. 4). Einen Unterschied stellen hingegen die unterschiedlichen Wachstumsraten des Bruttoinlandsproduktes dar (s. Abb. 5). Die Niederlande, Belgien und Österreich wiesen im Zeitraum von 1999 bis 2006 Wachstumsraten des BIP im Durchschnitt der Eurozone auf. Finnland und Luxemburg verzeichneten ein überdurchschnittliches Wachstum. Das heißt, im Gegensatz zu Deutschland trugen diese Staaten mit ihren Exporten und einer ausreichenden Binnennachfrage zum nationalen Wachstum bei (Herr/Kazandzsika 2007: 155). Dementsprechend verfolgten die im Vergleich zu Deutschland kleineren Volkswirtschaften eine weniger destruktive Strategie als die Bundesrepublik. Dennoch leisteten auch sie mit ihrer

---

[13] Irland ist in der folgenden Analyse nicht mit eingeschlossen. Die irische Entwicklung unterscheidet sich in diversen Merkmalen von denen der anderen Defizitländer. Beispielsweise in der hohen Präsenz transnationaler Konzerne, in der Steigerung der Arbeitsproduktivität und in der Flexibilisierung des Arbeitsmarktes (Lapavitsas et al. 2010a: 13). Eine separate Analyse erscheint daher besser geeignet.

neomerkantilistisch ausgerichteten Wirtschaftspolitik einen Beitrag zu den divergierenden Leistungsbilanzsalden innerhalb der Währungsunion.

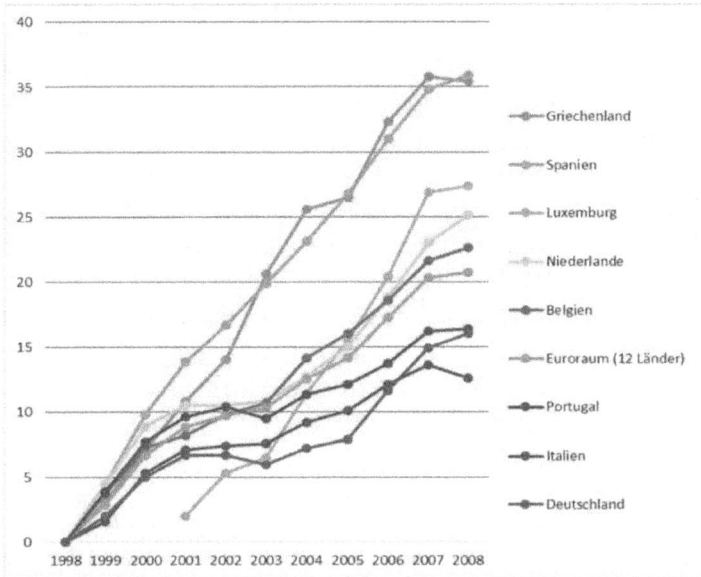

Abbildung 5: Wachstumsraten des realen BIP (1998 = 100)
Quelle: Eurostat 2015

Italien

Trotz niedriger und negativer Realzinssätze wies Italien von 1999 bis 2007 ein schwaches Binnenwachstum und niedrige Investitionsraten auf (Herr/Kazandzsika 2007: 156). Die Entwicklung Italiens zur Zeit und nach dem Ende des EWS zeigt, dass die italienische Exportdynamik stark von Wechselkursanpassungen abhängig war. Nach Leistungsbilanzdefiziten in den letzten Jahren des EWS und Leistungsbilanzüberschüssen ab 1993, verschlechterte sich die italienische Leistungsbilanz seit dem Beginn der Währungsunion (s. Abb. 2). In dieser Phase wuchsen die Defizite gegenüber Deutschland an, wobei große Handelsüberschüsse mit den USA einer deutlicheren Verschlechterung der Leistungsbilanz entgegen wirkten (Solari/Thomasberger 2007: 187). Gleichzeitig wirkte die Veränderung der deutschen Importnachfrage auf die Ausrichtung der italienischen Industrie zurück (ebd. 189). Durch die Lohnzurückhaltung und den schwachen privaten Konsum in Deutschland sank die Nachfrage nach Luxusgütern, während die Nachfrage nach Vorleistungs- und Investitionsgütern anstieg (ebd.). Da die italienischen Exporte in die

37

Bundesrepublik primär aus Luxusgütern bestanden, verschlechterten sich die italienischen Exportchancen nach Deutschland. Die italienische Regierung reagierte darauf mit der Restrukturierung der italienischen Wirtschaft, welche mit einem Anpassungsdruck an die deutsche neomerkantilistische Strategie einherging (ebd.). Die deutsche Strategie der Lohnzurückhaltung und das unterdurchschnittliche deutsche Binnenwachstum sorgten in der gesamten Eurozone für eine Beggar-thy-Neighbor Dynamik (Bibow 2006: 19). Während Deutschland von wachsenden Exporten profitierte, waren die anderen Staaten der Eurozone dazu gezwungen gleichermaßen eine nachfragedämpfende Wirtschaftspolitik mit dem Ziel der Lohnzurückhaltung zu verfolgen. Somit stiegen die deutschen Exporteinnahmen auf Kosten der Mitgliedsstaaten und die deutsche neomerkantilistische Strategie wurde von weiteren Mitgliedern der Eurozone aufgegriffen (ebd.). Im Falle Italiens wirkte sich diese Anpassung destruktiv auf die Restrukturierung der Wirtschaft aus, sodass sich die bestehenden Probleme verschärften und Italien weiter an Wettbewerbsfähigkeit verlor (Solari/Thomasberger 2007: 189).

Portugal

Portugal befand sich seit dem Beitritt zum EWS 1992 in einer schwachen Wettbewerbsposition und verzeichnete einen Anstieg seiner Leistungsbilanzdefizite im Anpassungsprozess zur Währungsunion (OECD 2015). Im Zeitraum von 1999 bis 2007 konsolidierte sich die Defizitposition Portugals mit jährlichen Leistungsbilanzdefiziten zwischen 7 und 11 Prozent des BIP (s. Abb. 4). Ein Hauptgrund für die Stellung Portugals im innereuropäischen Wettbewerb stellten die stark gestiegen Lohnstückkosten dar: Von 1999 bis 2006 stiegen sie um 25 Prozentpunkte über dem Durchschnitt der Währungsunion an (Herr/Kazandzsika 2007: 146). Die damit verknüpfte Inflation über dem Durchschnitt der Eurozone und die niedrigen beziehungsweise ab 2003 negativen Realzinssätze führten nicht zu einer Zunahme der privaten Investitionen (ebd. 155). Die hohen Lohnstückkosten bedingten den Verlust der Wettbewerbsfähigkeit, sodass in erster Linie der steigende Konsum privater Haushalte für Wachstum sorgte (Lapavitsas et al. 2010a: 17). Wenngleich das Wachstum moderat ausfiel, wie die Wachstumsrate des Bruttoinlandsproduktes unter dem Durchschnitt der Währungsunion zeigt (s. Abb. 5).

Griechenland

In Griechenland wuchsen die Lohnkosten schneller als die Produktivität, wobei die griechischen Lohnstückkosten stärker als die von Spanien, Portugal oder Italien anstiegen (Lapavitsas et al. 2010a: 23). Die erodierte Wettbewerbsfähigkeit spiegelte sich in Leistungsbilanzdefiziten von bis zu 14 Prozent des BIP im Jahr 2007 wider, womit Griechenland eindeutig zur Gruppe der Defizitländer gehörte (s. Abb. 4). Wie in Italien und Portugal führten die negativen Realzinssätze nicht zu einem Zuwachs der Investitionen (ebd. 16). Vielmehr sorgte der private Konsum, mit einem Anteil von knapp über 70 Prozent am BIP, für Wachstumsraten über dem Durchschnitt der Eurozone (ebd.17).

Spanien

Wie auch in Griechenland lagen die Wachstumsraten des spanischen Bruttoin-landsprodukts im Zeitraum von 1999 bis 2007 deutlich über dem Durchschnitt der Eurozone (s. Abb. 5). Ebenfalls über dem Durchschnitt der Währungsunion lagen das Lohnstückkostenwachstum und die Inflationsrate (Herr/Kazandzsika 2007: 156). Die gestiegenen Löhne bedingten eine Lohn-Preis-Spirale, welche die inflationäre Entwicklung weiter verstärkte und zur Senkung des bereits niedrigen Realzinssatzes beitrug (ebd.). Der Realzinssatz wirkte sich, anders als in Italien, Portugal und Griechenland, positiv auf die Investitionsbereitschaft aus; insbesondere nachdem Spanien ab 2002 einen negativen Realzins verzeichnete (ebd.). Die Investitionen nahmen ab 2002 deutlich zu und sind auch auf gesteigerte Investitionen im Immobiliensektor sowie eine daraus entstandene Immobilienblase zurückzuführen (ebd.). Infolge des wirtschaftlichen Aufschwungs sank zudem die Arbeitslosenrate von der höchsten Rate innerhalb der Währungsunion auf unter den Durchschnittswert der Eurozone (Ferreiro et al. 2007: 196). Diesem positiven Effekt der Inflation stand hingegen ein signifikanter Verlust der Wettbewerbfähigkeit wegen des starken Lohnstückkostenwachstums gegenüber. Sichtbar wird der Verlust in Form der negativ wachsenden Leistungsbilanzsalden seit dem Beginn der Währungsunion (s. Abb. 4).

Schon bei ihrem Beitritt zum EWS stellten Spanien und Portugal die Defizitseite des polaren Handelssystems innerhalb der EWG dar. Diese Position hat sich mit dem Beginn der Währungsunion und der Einschränkung geld- und fiskalpolitischer Maßnahmen zur Exportförderung konsolidiert. Griechenland gehört mit hohen Leistungsbilanzsalden und erodierter Wettbewerbsfähigkeit ebenso zu den Verlierern des von Deutschland verschärften Lohnstückkostenwettbewerbs. Italien hat aufgrund der Abgabe geldpolitischer Souveränität und der destruktiven Beggarthy-Neighbor Dynamik des deutschen Neomerkantilismus in der Konkurrenz um die niedrigsten Lohnstückkosten insbesondere gegenüber Deutschland an Wettbewerbsfähigkeit verloren. Ein hoher Handelsüberschuss mit den USA wirkte jedoch einem starken Negativwachstum der italienischen Leistungsbilanz entgegen.

Zusammengefasst: Spanien, Portugal, Griechenland und Italien konnten nicht mit den niedrigen deutschen Lohnstückkosten konkurrieren und boten profitable Absatzmärkte für die Exporte deutscher Unternehmen. Gleichzeitig schuf Deutschland hinsichtlich des schwachen Binnenwachstums keine adäquate Nachfrage nach Importen, sodass die deutsche Leistungsbilanz gegenüber den südeuropäischen Defizitländern im Verlauf der Währungsunion stetig anstieg.

5.2 Wachstumsstrategien der Defizitländer

Die vorgestellten südeuropäischen Staaten teilten eine nachteilige Position im Exportwettbewerb, unterschieden sich jedoch in ihren wirtschaftlichen und politischen Entwicklungen. Dementsprechend reagierten sie auch auf unterschiedliche Art und Weise auf ihre erodierende Wettbewerbsfähigkeit und wählten Wachstumsstrategien basierend auf ihrer Geschichte sowie ihren politischen und sozialen Strukturen (Lapavitsas et al. 2010a: 7). Ein gemeinsames Merkmal stellte dennoch die voranschreitende Finanzialisierung dar (ebd.).

Der Prozess der Finanzialisierung steht für den wachsenden Einfluss von Finanzmärkten, -akteurInnen und -institutionen auf nationale und internationale Wirtschaftssysteme (Stockhammer 2012: 40). Er stellt einen globalen Trend dar, welcher das Selbstverständnis und die Handlungen von wirtschaftlichen AkteurInnen, also von Haushalten, ArbeitnehmerInnen, Unternehmen und Finanzinstitutionen, verändert (ebd.). Exemplarisch für diesen Prozess ist die Verbreitung des Shareholder- Value-Prinzips und die damit verstärkte Integration von produzierenden Unternehmen in die internationalen Finanzmärkte (ebd. 51). Zum anderen nahm die Kreditaufnahme privater Haushalte im Prozess der Finanzialisierung stark zu, was in Kombination mit privatisierten Renten und Versicherungen die Eingliederung privater Haushalte in das Finanzsystem beschleunigte (ebd. 53).

Für Griechenland und Portugal traf insbesondere der letztere Fall der Finanzialisierung zu. Aufgrund des wachsenden privaten Konsums bei gleichzeitig sinkenden Sparquoten nutzten private Haushalte Kredite zur Ausgabenfinanzierung (Lapavitsas et al. 2010a: 17). Die inflationsbedingten niedrigen und negativen Realzinsraten führten in Griechenland und Portugal zwar nicht zu einem Anstieg der Investitionen, erleichterten hingegen privaten Haushalten den Zugang zu Krediten. Dies war ein Resultat der einheitlichen und nach deutschem Vorbild gestalteten Geldpolitik der EZB. Sie führt in Staaten mit hoher Inflation zu niedrigen Realzinssätzen und ermöglicht sowohl Haushalten, als auch Banken die Aufnahme günstiger Kredite. Zudem hat die gemeinsame Währung zu einer verbesserten Einschätzung der

Kreditwürdigkeit der südeuropäischen Staaten geführt, sodass Banken zusätzlich an den internationalen Finanzmärkten Kredite zu günstigen Konditionen aufnehmen konnten (Lapavitsas et al. 2010b: 16). Von diesem Trend profitierten auch die spanischen Banken, die durch die Weitergabe günstiger Kredite an den privaten Sektor das kräftige Wachstum ermöglichten. Anders als in Griechenland und Portugal sorgte nicht nur der Konsum privater Haushalte für Wachstum, sondern vor allem die gestiegenen Investitionen im Immobiliensektor.

Infolge der Finanzialisierungsprozesse stieg die Verschuldung der privaten Haushalte, Unternehmen und Banken in allen drei Staaten im Verlauf der Währungsunion massiv an (ebd. 17ff). Der Anstieg der privaten Schuldenlast wurde jedoch nicht durch eine überdurchschnittliche Zunahme staatlicher Schulden begleitet (s. Abb. 6).

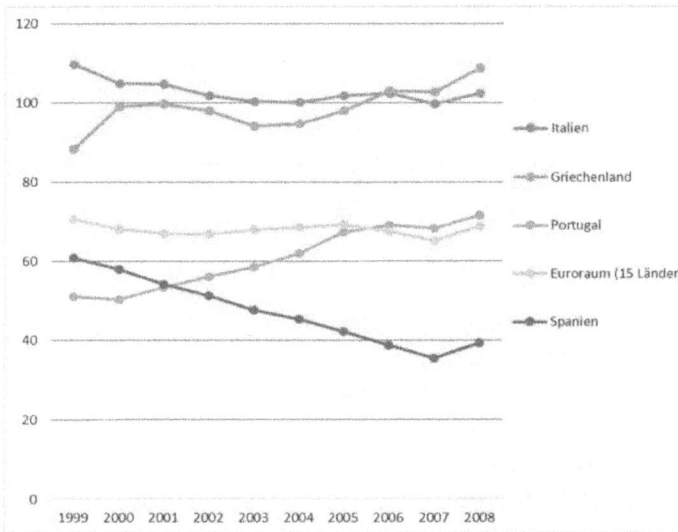

Abbildung 6: Staatsverschuldung in Prozent des BIP, Maastricht-Definition
Quelle: OECD 2015

Wie bereits dargelegt, waren die Staaten der Eurozone im Rahmen des SWP vertraglich zur Einhaltung der fiskalpolitischen Defizitkriterien verpflichtet. Die disziplinierende Funktion des SWP bewirkte den Verzicht auf konjunkturfördernde

41

Programme und induzierte stattdessen prozyklische Maßnahmen[14]. Gleichzeitig konnten Staaten mit einer erodierten Wettbewerbsfähigkeit nicht auf Wechselkursanpassungen zur Stimulierung ihrer Exporte zurückgreifen, sodass letztendlich die Finanzierung des Wachstums auf private Haushalte, Unternehmen und Banken zurückfiel. Infolgedessen betrug das Verhältnis von privaten zu staatlichen Schulden im Jahr 2009 in Spanien, Portugal und Griechenland jeweils 87 zu 13, 85 zu 15 und 58 zu 42[15] Prozent (ebd. 9). Eine weitere Gemeinsamkeit zwischen Spanien, Portugal und Griechenland stellte die hohe Auslandsverschuldung dar: In Spanien betrug sie im Jahr 2009 169 Prozent des BIP, in Portugal 233 Prozent und in Griechenland 162 Prozent (Lapavitsas et al. 2010b: 8). Der größte Anteil der ausländischen Schuldforderungen gegenüber Spanien, Portugal und Griechenland wurde von französischen (405,5 Mrd. Euro) und deutschen (315,5 Mrd. Euro) Banken gehalten (Evans 2011: 108). Mit dieser Kreditvergabe von nordeuropäischen Banken an private Haushalte, Unternehmen und Banken in den südeuropäischen Defizitländern hatten sich die Gläubiger-Schuldner-Beziehungen in der Eurozone erheblich transnationalisiert (Bieling 2011: 181). Ebenso hatte sich die Kreditaufnahme der öffentlichen Haushalte transnationalisiert, wie das Verhältnis der in- und ausländischen Staatsschulden im Falle von Portugal (19 zu 81 Prozent) und Griechenland (30 zu 70 Prozent) im Jahr 2009 zeigt (Lapavitsas et al. 2010b: 9).

5.3 Transnationale Gläubiger-Schuldner-Beziehungen

Zu den transnationalen Gläubiger-Schuldner-Beziehungen in der Eurozone merkt Bieling an: „[...] die Tatsache, dass die transnationale Kreditvergabe gewissermaßen spiegelbildlich die Strukturen des grenzüberschreitenden Handels und Dienstleistungsverkehrs reflektiert, wird – zumindest in den Krisendiskursen der Länder mit einem Leistungsbilanzüberschuss – kaum thematisiert" (Bieling 2011: 182). Wie Bieling feststellt, besteht ein enger Zusammenhang zwischen den Leistungsbilanzdefiziten sowie -überschüssen und der Kreditvergabe innerhalb der Eurozone.

---

[14] Wobei die Kriterien des SWP in einigen Fällen (zuerst von Deutschland und Frankreich) nicht eingehalten und 2005 um eine Reihe von Ausnahmen erweitert wurden (Bieling 2011: 175).

[15] Der hohe öffentliche Schuldenstand in Griechenland stand nicht in direktem Zusammenhang mit Griechenlands Beitritt zur Währungsunion, sondern bestand in Griechenland seit den 1980er Jahren (Lapavitsas et al 2010b: 20). Im Verlauf der Währungsunion ist der Anteil der öffentlichen Schulden an den Gesamtschulden gesunken, während der Schuldenanteil privater Haushalte und Banken gewachsen ist (ebd.).

Erwirtschaften Staaten wie Spanien, Portugal und Griechenland ein Leistungsbilanzdefizit, dann verbrauchen sie mehr als sie produzieren, beziehen also mehr Waren und Dienstleistungen aus anderen Staaten als sie in diese exportieren. Die entstandene Differenz muss mit Kapitalimporten in Form von Krediten oder dem Verkauf von Vermögenswerten finanziert werden (Dullien 2010: 29). Demgegenüber stehen Staaten wie Deutschland mit höheren Aus- als Einfuhren, welche Forderungen gegenüber anderen Staaten aufbauen und damit Auslandsvermögen bilden (ebd.). Daraus ergeben sich Kapitalexporte, die im Falle Deutschlands mit dem Anstieg der Leistungsbilanz deutlich gewachsen sind (Lapavitsas et al. 2010a: 29). Dabei sorgten die Deregulierung des EU-Finanzdienstleistungssektors und die mit der gemeinsamen Währung ausgeschlossenen Wechselkursrisiken dafür, dass der Bedarf an Kapitalimporten von Banken aus anderen Staaten der Eurozone direkt bedient werden konnte (Herr/Kazandzsika 2007: 135).

Kapitalexporte aus Überschuss- in Defizitländer müssen nicht per se durch Transaktionen von Banken und anderen GläubigerInnen widergespiegelt werden. Neben der Kreditvergabe an private AkteurInnen oder die öffentliche Hand können Kapitalexporte auch nach ausländischen Direktinvestitionen unterschieden werden (Lapavitsas et al. 2010b: 11). Im Gegensatz zu Krediten schaffen sie keine Schulden und können sich positiv auf nationale Arbeitsmärkte auswirken. Die ADI deutscher Unternehmen haben seit Gründung der Währungsunion zwar zugenommen, aber, wie bereits gezeigt, innerhalb der EU primär in die östlichen Mitgliedsstaaten. In Spanien, Portugal und Griechenland die ADI insgesamt auf einem sehr niedrigen Niveau geblieben (ebd. 14). Das heißt, der Bedarf nach Kapitalimporten wurde zum größten Teil mit Krediten von deutschen Banken und Banken anderer Überschussländer[16] an private SchuldnerInnen bedient.

Die transnationalen Gläubiger-Schuldner-Beziehungen in der Eurozone sind ein Resultat der Teilung des europäischen Handelssystems in Defizit- und Überschussländer: Die Überschüsse der neomerkantilistischen Staaten wurden von Defiziten der südeuropäischen Staaten und deren Bedarf nach Kapitalimporten gespiegelt. Dementsprechend flossen die erzielten Gewinne der neomerkantilistischen Staaten in Form von Krediten an die Defizitländer zurück.

---

[16] Wie bereits gezeigt waren deutsche und französische Banken die größten Gläubiger gegenüber Spanien, Portugal und Griechenland. Frankreich wies zwar im Verlauf der Währungsunion eine abfallende Leistungsbilanz auf, verzeichnete aber dennoch Überschüsse gegenüber Spanien, Portugal und Griechenland (Bellofiore et al 2011: 137).

Diese Konstellation bedingte eine wechselseitige Abhängigkeit. Die neomerkantilistischen Staaten waren angesichts ihres schwachen Binnenwachstums vom Wachstum der Auslandsnachfrage abhängig. Anders formuliert: Sie waren abhängig von der Bereitschaft und Fähigkeit privater SchuldnerInnen in den Defizitländern weiter Schulden aufzunehmen (Hein 2011: 62ff). Die Defizitländer mit einem Wachstum basierend auf privaten Schulden waren wiederum darauf angewiesen, dass die neomerkantilistischen Staaten Überschüsse erzielten und diese in Form von Krediten zur Finanzierung der Defizite bereitstellten (ebd.).

Die sich gegenseitig verstärkende Dynamik hätte mit einem finanziellen Ausgleichsmechanismus oder einer fiskalpolitischen Koordinierung zwischen den Staaten der Eurozone gedämpft werden können. Wie bereits dargelegt, gibt es neben der EZB keine Institution zur fiskalpolitischen Koordination zwischen den Mitgliedsstaaten. Die Währungsunion kombiniert eine gemeinsame Geldpolitik mit nationalen Fiskalpolitiken und besitzt mit dem EU Budget von einem Prozent des EU Bruttoinlandsproduktes keine Grundlage für einen finanziellen Ausgleich zwischen den Mitgliedsstaaten (Goodhart 2007: 79). Diese strukturelle Schwäche der Währungsunion hat zur Konsolidierung der Ungleichgewichte innerhalb der Eurozone beigetragen.

5.4 Kritische Reflexion neoklassischer Ansätze

Bis zum Ausbruch der globalen Finanzkrise 2008 stellten die Ungleichgewichte und die daraus entstandenen transnationalen Gläubiger-Schuldner-Beziehungen zwischen dem neomerkantilistischen Block und den südeuropäischen Defizitländern kein akutes Problem dar. Dass sie dennoch enorme Sprengkraft besaßen und im Falle eines externen Schocks zu einem gravierenden Problem werden würden, haben KritikerInnen des deutschen Neomerkantilismus bereits vor der globalen Finanzkrise 2008 betont (vgl. Hein/Truger 2007, Priewe 2007, Goodhart 2007, Bibow 2006, Richter 2006). Dennoch wurden die Leistungsbilanzdefizite innerhalb der Eurozone von dem Internationalen Währungsfonds (IWF), der EZB, EU-Kommission und Bundesbank als vergleichsweise harmlos angesehen (Dullien 2010: 14).

Auch Ahearne et al. interpretieren die Ungleichgewichte in der Eurozone nicht als ein Ergebnis mangelnder makroökonomischer Koordination zwischen den Mitgliedsstaaten, sondern als Beweis für die korrekte Funktionsweise der Währungsunion (Ahearne et al. 2009: 11). Die Einschätzung beruht auf der Annahme, dass Kapitalexporte von wirtschaftsstärkeren Staaten in wirtschaftsschwächere Staaten den wirtschaftlichen Angleichungsprozess in der Eurozone beschleunigen können (ebd.). Die Ungleichgewichte der Leistungsbilanzen und Kapitalflüsse von den Überschuss- zu den Defizitländern zeigen demnach, dass der freie Kapitalverkehr und die Deregulierung der Finanzmärkte eine effektive Verteilung des Geldkapitals ermöglicht hat (ebd.).

Diesem Ansatz folgend können sich Leistungsbilanzungleichgewichte positiv auf die Entwicklung einzelner Staaten auswirken, wenn die damit verbundenen Kapitalimporte ein nachholendes Wachstum finanzieren (ebd. 15). Staaten mit weniger ausgeprägten Produktions- und Infrastrukturen können demnach den Aufholprozess mithilfe von Krediten aus Überschussländern beschleunigen und so langfristig ihre eigene Wettbewerbsfähigkeit stärken. Dieser Effekt zeigt sich in einem Anstieg der Investitionsquote bei Ausrüstungsinvestitionen und Wirtschaftsbauten annähernd parallel zum Anstieg der Leistungsbilanzdefizite (ebd.). Wie bereits dargelegt verzeichneten Portugal und Griechenland trotz niedriger und negativer Realzinssätze keinen Zuwachs der Investitionen. In Spanien stieg nur die Investitionsquote bei Wohngebäuden und nicht etwa bei Ausrüstungsinvestitionen und Wirtschaftsbauten stark an (Dullien 2010: 17). Da Investitionen in Wohnungsbauten grundsätzlich nicht zu einem nachholenden Wachstum beitragen und Portugal sowie Griechenland keinen Anstieg der Investitionen verzeichneten, ist kein positiver Effekt der Leistungsbilanzungleichgewichte in Form von Aufholprozessen der Defizitländer zu erkennen (ebd.).

Ein weiterer Erklärungsansatz, welcher die Leistungsbilanzungleichgewichte als Chance bewertet, beruht auf dem demografischen Wandel in Deutschland und der damit erhöhten Sparquote (Sachverständigenrat 2010: 108). Da Ersparnisse nur durch Inlands- oder Auslandsinvestitionen möglich sind und die Investitionsbedingungen in Deutschland unattraktiv waren, führten demnach die höheren Ersparnisse zu Kapitalexporten (ebd.). Wären die Kapitalexporte in Staaten mit einer vorteilhafteren demographischen Struktur geflossen, dann hätten sie dort die Ausbildung der jüngeren Generationen finanzieren können (Dullien 2010: 27). Für die Ungleichgewichte in der Eurozone trifft dieser Ansatz allerdings nicht zu: Spanien, Portugal und Griechenland wiesen selbst niedrige Geburtenraten auf und sind mit dem schnellen Altern ihrer Bevölkerung konfrontiert (ebd.). Alles in allem kommt Dullien in seiner Untersuchung zu den Effekten der Ungleichgewichte zu dem Schluss, dass es keinerlei Indizien für eine nachhaltig positive Wirkung der Leistungsbilanzdifferenzen in der Eurozone gibt (ebd. 43).

Das destruktive Potenzial der Leistungsbilanzungleichgewichte und der transnationalen Gläubiger-Schuldner-Beziehungen zeigte sich nach dem Ausbruch der globalen Finanzkrise 2008, welche die Gegensätze in der Eurozone offen zutage gebracht hat.

6 Von der globalen Finanzkrise zur europäischen Staatsschuldenkrise

Auslöser der globalen Finanzkrise 2008 war die Immobilienkrise in den USA ab 2006 und der daraus resultierende Wertverfall von Wertpapieren, welche auf unzureichend abgesicherten Hypotheken beruhten. Diese sogenannten Subprime-Hypotheken wurden zusammen mit anderen Krediten von amerikanischen Investmentbanken zu komplexen und gut bewerteten Wertpapieren restrukturiert und verbreiteten sich im Interbankenmarkt (Stockhammer 2012: 42). Der Ausfall dieser toxischen Wertpapiere führte zu einem Vertrauensverlust zwischen den Banken und dem Erliegen der Kreditvergabe zwischen ihnen. Da der Handel auf dem Interbankenmarkt zentral für die Funktion des Finanzsystems ist, reagierten die Federal Reserve und die EZB 2007 mit einer Ausweitung ihrer Kreditvergabe an private Banken (ebd.). Dies führte zwar zu einer temporären Stabilisierung des Interbankenmarkts, doch mit dem Zusammenbruch der Investmentbank Lehman Brothers und darauf folgend dem weltweit größten Versicherer (der American International Group Inc (AIG)) im Herbst 2008 entwickelte sich die Krise des US Bankensektors vollends zu einer Krise des globalen Finanzsystems (ebd.).

Die Banken der Eurozone waren durch ihre Integration in das amerikanische Finanzsystem in hohem Maße von der Krise betroffen: In den Jahren zwischen 2007 und 2010 verzeichneten sie einen Verlust von insgesamt 630 Mrd. US-Dollar (IWF 2010: 12). Hinsichtlich des schwachen Wachstums in der Eurozone und profitableren Anlagemöglichkeiten in den USA hatten sie ihre Aktivitäten auf den dortigen Märkten erhöht und deshalb für einen schnellen Übergriff der Krise nach Europa gesorgt (Cafruny/Talani 2013: 22). Insbesondere deutsche Banken suchten infolge der neomerkantilistischen Wirtschaftspolitik in Deutschland nach gewinnbringenden Anlagemöglichkeiten im Ausland und waren von den Entwicklungen in den USA besonders betroffen (ebd.). Um einen Zusammenbruch des Finanzsystems zu verhindern, begannen die EZB und Regierungen der Eurozone in einer beispiellosen Intervention Banken direkt mit Geld zu versorgen (ebd.). Die Verstaatlichung beziehungsweise Teilverstaatlichung angeschlagener Banken und die Übernahme von Garantien für Kreditvergaben im Interbankenmarkt führten zu einer Stabilisierung des Finanzsystems und verhinderten die Insolvenzen weiterer Banken (Evans 2011: 100). Zwar konnte die akute Krise im Bankensektor eingedämmt werden, doch deren Auswirkungen auf die ,Realwirtschaft' führten zur tiefsten Rezession seit den 1930er Jahren (ebd.).

Einen Grund stellten der Schuldenabbau privater Banken und der Rückgang der Kreditvergabe an nichtfinanzielle Unternehmen dar. Angesichts fehlender finanzieller Mittel und mangelnder Planungssicherheit reduzierten Unternehmen ihre Investitionen und begannen ihrerseits zu sparen (ebd.). Auch der Rückgang der weltweiten Nachfrage traf die Länder der Eurozone hart und sorgte für einen Rückgang der Exporte aus der Eurozone um 20 Prozent (ebd.). Infolgedessen stiegen sowohl die Arbeitslosigkeit als auch die Sozialausgaben in den Staaten der Eurozone an. Auf den konjunkturellen Abschwung reagierten die Regierungen der Eurozone wiederum mit antizyklischen Maßnahmen, bestehend aus staatlichen Ausgabenprogrammen und Steuerkürzungen (ebd.). Die umfangreichen Programme zur Stabilisierung des Finanzsystems belasteten die öffentlichen Haushalte in der Eurozone bereits vor dem konjunkturellen Abschwung. Zusammen mit den Kosten für Konjunkturprogramme sowie steigenden Sozialausgaben und sinkenden Steuereinnahmen wuchs das durchschnittliche Haushaltsdefizit in der Eurozone im Zeitraum von 2007 bis 2009 von 0,6 auf 6,6 Prozent an (ebd. 101).

Spanien verzeichnete nach Irland den kräftigsten Anstieg des Haushaltsdefizits: 2007 wies Spanien ein positives Haushaltssaldo von 2 Prozent auf, wohingegen das Haushaltsdefizit 2009 bei 11 Prozent lag (Eurostat 2015). In Konsequenz der starken Einbindung in den internationalen Immobilienmarkt und der geplatzten Hauspreisblase wurde Spanien mit einer gravierenden Zunahme der Arbeitslosigkeit von 8,3 Prozent im Jahr 2007 auf 18 Prozent 2009 konfrontiert (Evans 2011: 100). Im gleichen Zeitraum stiegen die Haushaltsdefizite in Griechenland (von 5 auf 14 Prozent) und Portugal (von 3 auf 9,8 Prozent) ebenfalls stark an (Eurostat 2015). Die ausgeprägte Finanzialisierung in diesen Staaten sorgte bis 2007 für einen massiven Anstieg privater Schulden und einer hohen Abhängigkeit von Krediten ausländischer Banken. Diese Ausgangslage führte nach dem Ausbruch der Finanzkrise zu einem drastischen Anstieg der Staatsschulden. Zum einen wurde ein Teil der privaten Schuldenlast im Zuge der Verstaatlichung beziehungsweise Teilverstaatlichung von Banken in öffentliche Schulden transformiert. Zum anderen stimulierten die Regierungen mithilfe von kreditfinanzierten Konjunkturprogrammen die Wirtschaft, um einen Zusammenbruch des schuldenbasierten Wachstumsmodells zu verhindern. In letzter Instanz muss der Staat einerseits als Kreditnehmer und andererseits als Kreditgeber agieren, um die Funktion des finanzialisierten Kapitalismus zu gewährleisten (Altvater 2012: 273). Während die Regierungen die Nachfrage nach Krediten schufen und Kreditrisiken privater Banken durch Garantien und Verstaatlichungen in staatliche Kreditrisiken transformierten, agierte die EZB als „lender of last resort" (ebd.).

Die EZB erfüllte die Rolle, indem sie Geld zu günstigen Konditionen an private Banken vergab, welche dieses in Form von Krediten und zu höheren Zinsraten an Staaten verliehen (ebd. 280). Das heißt, die zuvor von den Staaten der Eurozone geretteten Banken bedienten die staatliche Nachfrage nach Krediten und profitierten zusätzlich von Risikoprämien, die verschuldete Staaten für ihre Kredite zahlen mussten (ebd.). Diese profitable Einnahmequelle für private Banken basierte auf einem der Konstruktionsfehler der Währungsunion: Der Vertrag von Maastricht verbietet den Mitgliedsstaaten die direkte Verschuldung bei der EZB (ebd.). Für die südeuropäischen Staaten der Eurozone bedeutete dies, dass ihre Schuldenlast durch hohe Zinszahlungen und Risikoaufschläge an private Banken weiter anstieg, während gleichzeitig Rating Agenturen ihre Kreditwürdigkeit in Anbetracht des wachsenden Risikos einer Staatsinsolvenz herabstuften (ebd.). Diese sich verstärkende Dynamik erschwerte den Staaten zusehends die Refinanzierung ihrer Staatschulden. Griechenland geriet Ende 2009 als erstes unter Druck des finanziellen Kapitals. Nachdem dessen Kreditwürdigkeit wegen der hohen und weiter wachsenden Staatschulden und dem Bekanntwerden von manipulierten Defizitstatistiken weiter herabgestuft wurde, begannen Spekulationen um eine griechische Staatsinsolvenz (Evans 2011: 103). Daraufhin geriet Griechenland im April 2010 in der Refinanzierung seiner Staatschulden in massive Probleme, nachdem die Kreditaufnahme aufgrund von Liquiditätsengpässen europäischer Banken und steigender Zinsraten immer teurer wurde (ebd.). Im Mai 2010 wurden schließlich die ersten sogenannten Rettungspakete für Griechenland verabschiedet. Deren Ziel war es, wenn auch von Seiten der europäischen Regierungen anders kommuniziert, weitere Verluste für europäische Banken und eine Verschärfung der Liquiditätsengpässe zu verhindern (Lapavitsas et al. 2010b: 29). Die europäische Staatsschuldenkrise fand somit ihren Beginn in Griechenland, erfasste im weiteren Verlauf jedoch ebenso die anderen Defizitländer wie Irland, Spanien, Portugal und Italien.

6.1 Der deutsche Neomerkantilismus und die europäische Staatschuldenkrise

Die vorgestellte Betrachtung der europäischen Staatsschuldenkrise hat gezeigt, dass die Abhängigkeit der südeuropäischen Defizitländer von den internationalen Finanzmärkten und den Kapitalflüssen aus den Überschussländern eine zentrale Ursache der Staatsschuldenkrise darstellt. Die fortgeschrittene Finanzialisierung in den Defizitländern führte zu einem Ansschwellen der privaten Schuldenlast und zur Abhängigkeit von Kapitalimporten zur Finanzierung des Wachstums und der wachsenden Leistungsbilanzdefizite. Die daraus entstandenen transnationalen Gläubiger-Schuldner-Beziehungen ermöglichten einerseits das Wachstum der Defizitländer vor Beginn der Finanzkrise. Andererseits bedingten sie den Zusammenbruch des kreditfinanzierten Wachstums nach dem Ausbruch der Finanzkrise und den Anstieg öffentlicher Schulden.

Die vorliegende Arbeit hat ebenfalls gezeigt, dass die transnationalen Gläubiger-Schuldner-Beziehungen in der Eurozone aus den Ungleichgewichten innerhalb der Währungsunion resultierten. Die Teilung der Mitgliedsstaaten in neomerkantilistische Überschussländer und ihnen gegenüberstehenden Defizitländern legte die Grundlage für die gravierenden Leistungsbilanzdifferenzen und damit für die transnationalen Gläubiger-Schuldner-Beziehungen.

Die Segmentierung des europäischen Handelssystems basiert wiederum auf dem Verlauf der europäischen Integration sowie der deutschen neomerkantilistischen Wirtschaftspolitik. Spätestens seit der Gründung des EWS hatte sich Deutschland als der dominante neomerkantilistische Akteur in Europa etabliert. Dank der monetaristischen Geldpolitik und einer unterdurchschnittlichen Lohnetwicklung profitierten deutsche Exportunternehmen von Wettbewerbsvorteilen gegenüber ihren MitbewerberInnen aus der EWG. Der daraus folgende Anstieg der deutschen Leistungsbilanz wurde notwendigerweise von Leistungsbilanzdefiziten der HandelspartnerInnen innerhalb der EWG gespiegelt. Mit dem Beginn der Wirtschafts- und Währungsunion festigte der deutsche Neomerkantilismus, nach schwachen Entwicklungen in den 1990er Jahren, die Überschussposition Deutschlands und dementsprechend die Defizitposition der südeuropäischen HandelspartnerInnen. Basierend auf stagnierenden Lohnstückkosten und einem schwachen Binnenwachstum verzeichnete die Bundesrepublik einen Anstieg der Leistungsbilanz von -1,5 Prozent des BIP im Jahre 1999 auf 6,8 Prozent im Jahre 2007. Die Fortführung der europäischen Integration und die neomerkantilistische deutsche Wirtschaftspolitik ermöglichten nicht nur steigende Profite für deutsche TNK und in die Exportwirtschaft eingebundene Unternehmen. Sie bedingten auch eine Verschlechterung der Wettbewerbsfähigkeit und ein Negativwachstum der Leistungsbilanzsalden der südeuropäischen Mitgliedsstaaten. Aufgrund der erodierten Wettbewerbsfähigkeit und der Defizitkriterien des SWP basierte das Wachstum in diesen Staaten auf einer Ausweitung der privaten Schulden. Das führte letztendlich zu einem Abhängigkeitsverhältnis zwischen den deutschen Exportüberschüssen und

Kapitalexporten auf der einen Seite und der kreditfinanzierten Importnachfrage, insbesondere aus Spanien, Portugal und Griechenland, auf der anderen. Dieses Abhängigkeitsverhältnis spiegelt sich in den transnationalen Gläubiger-Schuldner-Beziehungen wider. Aus diesem Grund spielt der deutsche Neomerkantilismus eine zentrale Rolle in der Herausbildung der transnationalen Gläubiger-Schuldner- Beziehungen und infolgedessen für die Entstehung der europäischen Staatsschuldenkrise.

Des Weiteren sorgte die neomerkantilistische Wirtschaftspolitik für die lang anhaltende Stagnation in Deutschland und wirkte sich negativ auf das Wachstum in der Eurozone aus. Europäische und insbesondere deutsche Banken suchten daher nach profitableren Anlagemöglichkeiten in den USA und sorgten für ein schnelles und gravierendes Übergreifen der Subprime-Krise aus den USA nach Europa[17].

Während Deutschland und andere neomerkantilistische Staaten nach dem Beginn der Finanz- und Wirtschaftskrise den Exporteinbruch ins europäische Ausland mit Ausfuhren in aufstrebende Märkte sowie nach China kompensieren konnten, waren die Defizitländer in ihren Handlungsmöglichkeiten deutlich eingeschränkt. Aufgrund ihrer erodierten Wettbewerbsfähigkeit und ohne die Option einer Abwertung waren sie nicht in der Lage, mit einer Steigerung ihrer Exporte auf den wirtschaftlichen Abschwung zu reagieren. Zudem erzeugte der deutsche Neomerkantilismus eine Beggar-thy-Neighbor Dynamik, welche die negativen Auswirkungen einer Rezession verstärkt. Da der Wettbewerb innerhalb einer Währungsunion primär über die Lohnstückkosten ausgetragen wird, hat das schwache beziehungsweise negative deutsche Lohnstückkostenwachstum den Wettbewerbsdruck innerhalb der Eurozone verschärft. Wenn Mitgliedsstaaten mit einem höheren Lohnstückkostenwachstum ihre Wettbewerbsfähigkeit kurzfristig verbessern möchten, bleibt ihnen daher nur eine drastische Senkung der Nominallöhne (Herr/Kazandziska 2007:133). Ein solcher Schritt induziert jedoch deflationäre Tendenzen, welche sich negativ auf das Investitionsverhalten privater und öffentlicher Haushalte sowie Unternehmen auswirkt und in vielen Teilen der Eurozone spürbar geworden ist (EuroMemorandum 2014: 13). Der deutsche Neomerkantilismus hat im Rahmen der Währungsunion nicht nur für einen Wettbewerbsverlust der

---

[17] Die Aktivität deutscher und anderer europäischer Banken auf den amerikanischen Märkten wurde ebenfalls durch den „Financial Service Action Plan" der EU-Kommission forciert (Cafruny/Talani 2013: 22). Dieser animierte europäischer Banken, ihre Wettbewerbsfähigkeit zu stärken, und beförderte somit deren Integration in das hypothekenbasierte Wertpapiergeschäft in den USA (ebd.).

südeuropäischen Mitgliedsstaaten gesorgt. Er hat zusätzlich eine Lohnunterbie-tungskonkurrenz in der Eurozone initiiert und damit die negativen Entwicklungen in den Defizitländern nach dem Ausbruch der globalen Finanzkrise verstärkt.

7 Schlussbemerkung und Ausblick

Die vorliegende Arbeit hat gezeigt, dass der deutsche Neomerkantilismus nicht nur im Kontext der Währungsunion betrachtet, sondern vielmehr als ein fester Bestandteil der deutschen Wirtschaftspolitik seit den 1950er Jahren verstanden werden sollte. Die seit den 1950er Jahren zentrale Rolle des Industriesektors für die deutsche Exportbilanz besteht, genau wie die in den 1960er Jahren begonnene Schwächung der Binnenmarktnachfrage zur Verbesserung der Handelsbilanz, bis heute. Diese Erkenntnis ist insofern wichtig, als sich eine wirksame Kritik am deutschen Neomerkantilismus mit dem Argument einer seit den 1950er Jahren erfolgreichen wirtschaftspolitischen Strategie und einem dementsprechenden Verständnis der beteiligten AkteurInnen auseinandersetzen muss.

Die Analyse des Europäischen Währungssystems und der Währungsunion hat außerdem gezeigt, dass die dominante Position Deutschlands im Prozess der europäischen Integration die Grundlage für den Erfolg des deutschen Neomerkantilismus gelegt hat. Die Leitwährungsfunktion der D-Mark im EWS, die Fortsetzung der Geldpolitik der deutschen Bundesbank durch die EZB auf europäischer Ebene und die Defizitkriterien des Stabilitäts- und Wachstumspaktes dienen dafür als Beispiel. In diesem Kontext zeigt die Arbeit, dass die neoliberale Logik des europäischen Integrationsprozesses der Expansion des deutschen Neomerkantilismus nicht entgegengewirkt hat. Das neoliberale Verständnis der GründerInnen der WWU hat vielmehr deren Konstruktion im Interesse der deutschen Exportwirtschaft und anderer europäischer TNK ermöglicht. Ebenso haben neoliberale Reformen auf nationaler Ebene die notwendigen Rahmenbedingungen für die Weiterentwicklung des deutschen Neomerkantilismus geschaffen.

Im Rahmen der Währungsunion haben sich die stagnierenden Lohnstückkosten und die schwache Importnachfrage Deutschlands destruktiv auf die Wettbewerbsfähigkeit und Exportchancen der südeuropäischen Mitgliedsstaaten ausgewirkt. Deren ohnehin geschwächte Position im europäischen Handelswettbewerb hat sich durch das schwache und negative deutsche Lohnstückkostenwachstum weiter verschlechtert. Ohne die Option eine neomerkantilistische Strategie umsetzen zu können und mangels geldpolitischer Souveränität waren sie gezwungen andere Wachstumsstrategien zu verfolgen. Basierend auf der fortschreitenden Finanzialisierung stieg die private Verschuldung in Spanien, Portugal und Griechenland an. Die daraus entstandenen transnationalen Gläubiger-Schuldner-Beziehungen sind letztendlich Ausdruck der Leistungsbilanzungleichgewichte und spiegeln die Spaltung des europäischen Handelssystems in Überschuss- und Defizitländer wider.

Die hohe Abhängigkeit der südeuropäischen Staaten von privaten GläubigerInnen und Kapitalzuflüssen zur Finanzierung des Wachstums sorgte schließlich nach dem Ausbruch der globalen Finanzkrise für den drastischen Anstieg der Staatsschulden. In Bezug auf die Fragestellung spielt der deutsche Neomerkantilismus insofern eine zentrale Rolle in der Entstehung der europäischen Staatschuldenkrise, als dass er mit der Forcierung der Leistungsbilanzungleichgewichte und der transnationalen Gläubiger-Schuldner- Beziehungen maßgeblich zu den Grundvoraussetzungen der Staatschuldenkrise beigetragen hat.

Ziel der Arbeit war es, diese Rolle des deutschen Neomerkantilismus im Kontext des europäischen Integrationsprozesses herauszuarbeiten. Im Hinblick auf den öffentlichen deutschen Diskurs über die Ursachen und damit auch die Bearbeitung der Krise ist dieser Fokus notwendig, um der unzureichenden Thematisierung der deutschen Wirtschaftspolitik entgegenzuwirken. Die europäische Staatsschuldenkrise stellt gleichzeitig ein komplexes Problem dar, sodass die vorliegende Arbeit nicht den Anspruch erheben kann deren Entstehung umfassend abgebildet zu haben. Die Diskussion der vorgestellten Problematik in Zusammenhang mit weiteren Ursachen der Krise, beziehungsweise der vorgelegten Argumentation widersprechenden Ansätzen, kann deshalb Gegenstand einer anknüpfenden Untersuchung sein.

In Anbetracht der weiterhin wachsenden deutschen Exportüberschüsse sowie der Verhärtung der deutschen neomerkantilistischen Position stellt eine Analyse der konkreten Strategien zum Abbau der Ungleichgewichte in der Eurozone ein interessantes Forschungsthema dar. Gegenstand der Analyse können Konzepte sein, die eine Lohnsteigerung in Deutschland, verbunden mit einer erhöhten Importnachfrage und gesteigerten privaten und öffentlichen Investitionen, fordern. In diesem Kontext kann das Modell der europäischen Ausgleichsunion diskutiert werden. Ausgehend von Keynes' Konzept der International Clearing Union soll sie den SWP ersetzen und als ein Regime fungieren, das die Koordination der Wirtschafts- , Sozial-, Fiskal-, und Steuerpolitik zwischen den Staaten der Eurozone verbessert (Candeias 2013: 22). Nicht nur übermäßige Defizite, sondern auch Überschüsse sollen sanktioniert und die Strafzahlungen der Überschussländer in den europäischen Kohäsionsfonds übertragen werden (ebd.). Die Ausgleichsunion soll somit den Druck auf Deutschland erhöhen, Reformen zur Stimulierung der Binnenmarktmarktnachfrage und zur Reduzierung der starken Exportausrichtung umzusetzen (ebd.).

Angesichts der wirtschaftlichen und politischen Dominanz Deutschlands in Europa, der historischen Verankerung neomerkantilistischer Strategien in der deutschen Wirtschaftspolitik und der bisherigen Bearbeitung der Krise stellt sich bei einer solchen Analyse die Frage nach den Chancen zur Umsetzung alternativer Strategien. Lohnenswert wäre daher eine Auseinandersetzung mit den notwendigen gesellschaftlichen und politischen Veränderungen zur Realisierung einer alternativen Wirtschaftspolitik.

Die Krisenentwicklung in der Eurozone hat gezeigt, dass das Modell von kreditfinanziertem Wachstum auf der einen und von Exportfokussierung auf der anderen Seite seine Grenzen erreicht hat. Der Prozess der Finanzialisierung hat das strukturelle Problem der Überakkumulation nur temporär überdeckt (Becker/Jäger 2010: 10). Der deutsche Neomerkantilismus muss deshalb im Kontext einer strukturellen Krise der kapitalistischen Akkumulationsweise gesehen werden. Die Diskussion über eine Lösung der vorgestellten Problematik sollte letztendlich nicht nur die deutsche Wirtschaftspolitik, sondern auch die grundlegenden Widersprüche der kapitalistischen Produktions- und Akkumulationsstrategien mit einbeziehen.

8 Literatur

Altvater, Elmar/ Mahnkopf, Birgit (1997): Grenzen der Globalisierung: Ökonomie, Ökologie und Politik in der Weltgesellschaft, Münster.

Altvater, Elmar (2012): From Subprime Farce to Greek Tragedy: The crisis dynamics of financial driven capitalism. In: Panitch, Leo/ Albo, Greg/ Chibber, Vivek (Hg.): Socialist Register 2012: The Crisis and the left, 271-287.

Apeldoorn, Bastian van (2001): The Struggle over European Order: Transnational Class Agency in the Making of 'Embedded Neo-Liberalism'. In: Bieler, Andreas/ Morton, Adam David (Hg.): Social Forces in the Making of the New Europe, Houndsmills, 70-92.

Becker, Joachim/ Raza, Werner (2007): Zur Einführung: Was ist Neo-Merkantilismus heute? In: Kurswechsel 4/2007, 3-7.

Becker, Joachim/ Jäger, Johannes (2011): European Integration in Crisis: the Centre-Periphery Divide. Paper presented at the 17th EuroMemo Workshop on Alternative Economic Policy, Wien, 16-18.

Bellofiore, Riccardo/ Halevi, Joseph (2006): Is the European Union Keynesianable? A sceptical view. In: Hein, Eckhard/ Priewe, Jan/ Truger, Achim (Hg.): Alternatives to orthodox econonomic policy, Marburg, 329-347.

Bellofiore, Riccardo/ Garibaldo, Francesco/ Halevi, Joseph (2010): The Great Recession and the Contradictions of European Neomercantilism. In: Panitch, Leo/ Albo, Greg/ Chibber, Vivek (Hg): Socialist Register 2011: The Crisis This Time, 120-146.

Bibow, Jörg (2006): How the Maastricht Regime Fosters Divergence as Well as Fragility. The Levy Economics Institute of Bard College, Working Paper No. 460.

Bibow, Jörg (2007): The ECB – How much of a success story really? In: Hein, Eckhard/ Priewe, Jan/ Truger, Achim (Hg.): European Integration in Crisis, Marburg, 301-331.

Bieling, Hans-Jürgen (2011): Vom Krisenmanagement zur neuen Konsolidierungsagenda der EU. In: Prokla. Zeitschrift für kritische Sozialwissenschaft 41(2), 173-194.

Bührer, Werner (2002): Wirtschaft in beiden deutschen Staaten: Ökonomische Entwicklung der Bundesrepublik 1945 bis 1961. In: Informationen zur politischen Bildung (Heft 256). Online verfügbar unter: www.bpb.de/izpb/10131/wirtschaft-in-beiden-deutschen-staaten-teil-1?p=all (Abrufdatum: 25.07.2015).

Beyer, Andreas/ Gaspar, Vítor/ Gerberding, Christina/ Issing, Otmar (2009): Opting out of the Great Inflation: German Monetary Policy after the Break Down of Bretton Woods. Center for Financial Studies Working Paper No. 2009/01.

Cafruny, Alan/ Talani, Leila Simona (2013): The crisis of the Eurozone. In: Cafruny, Alan/ Schwartz, Herman (Hg.): Exploring the global financial crisis, Lynne Rienner, 13-34.

Candeias, Mario (2013): Linke Strategien in der Eurokrise. Eine kommentierte Übersicht. Reihe Analysen, Rosa-Luxemburg-Stiftung, Berlin.

Dullien, Sebastian (2010): Ungleichgewichte im Euro-Raum: Akuter Handlungsbedarf auch für Deutschland. Expertise im Auftrag der Abteilung Wirtschafts- und Sozialpolitik der Friedrich- Ebert-Stiftung, Bonn.

Eichengreen, Barry (1996): Vom Goldstandard zum Euro. Die Geschichte des internationalen Währungssystems, Berlin.

EuroMemorandum (2013): Die Krise in der Europäischen Union verschärft sich: Ein grundlegender wirtschaftspolitischer Wandel ist notwendig. Arbeitsgruppe europäischer WirtschaftswissenschaftlerInnen für eine andere Wirtschaftspolitik in Europa, Posen.

EuroMemorandum (2014): Europa spaltet sich. Die Notwendigkeit für radikale Alternativen zur gegenwärtigen EU-Politik. Europäische Wirtschaftswissenschaftler für eine andere Wirtschaftspolitik in Europa, London.

Europäische Kommission (2010): Special Issue: The Impact of the Global Crisis on Competitiveness and Current Account Divergences in the Euro Area, Quarterly Report on the Euro Area 9(1).

Eurostat (2015): European Commission Eurostat Database. Online verfügbar unter: http://ec.europa.eu/eurostat/data/database (Abrufdatum: 25.07.2015).

Evans, Trevor (2011): Crisis: Causes, prospects and alternatives. In: International Journal of Labour Research Vol. 3 Issue 1, International Labour Office, 97-114.

Ferreiro, Jesús/ Gómez, Carmen/ Serrano, Felipe (2007): How much room for expansionary economic policies in the EMU? In: In: Hein, Eckhard/ Priewe, Jan/ Truger, Achim (Hg.): European Integration in Crisis, Marburg, 195-221.

Frankel, Jeffrey A. (1988): International Capital Flows and Domestic Economic Policies. In: Feldstein, Martin (Hg.): The United States in the World Economy, Chicago, 559-658.

Fritz, Thomas (2011): Globalising Hunger. Food Security and the EU's Common Agricultural Policy, Berlin.

Gill, Stephen (2001): Constitutionalizing Capital: EMU and Disciplinary Neoliberalism. In: Bieler, Andreas/ Morton, Adam David (Hg.): Social Forces in the Making of the New Europe, Houndsmills, 47-69.

Hein, Eckhard/ Truger, Achim (2007): Der deutsche Neo-Merkantilismus im europäischen Kontext. In: Kurswechsel 4/2007, 16-24.

Hein, Eckhard (2011): Redistribution, global imbalances and the financial and economic crisis: The case for a Keynesian New Deal. In: International Journal of Labour Research Vol. 3 Issue 1, International Labour Office, 51-74.

Herr, Hansjörg/ Kazandzsika, Milka (2007): Wages and regional coherence in the European Monetary Union. In: Hein, Eckhard/ Priewe, Jan/ Truger, Achim (Hg.): European Integration in Crisis, Marburg, 131-163.

Internationaler Währungsfonds (IWF) (2010): Global Financial Stability Report: Meeting New Challenges to Stability and Building a Safer System, April 2010.

Joebges, Heike/ Logeay, Camille/ Sabine, Stephan/ Zwiener, Rudolf (2011): Deutschlands Exportüberschüsse gehen zu Lasten der Beschäftigten. Expertise im Auftrag der Abteilung Wirtschafts- und Sozialpolitik der Friedrich-Ebert-Stiftung, Bonn.

Kimmel, Elke (2005): Wirtschaftliche Impulse des Marshallplans in Deutschland. In: Dossier: Der Marshallplan - Selling Democracy. Online verfügbar unter: www.bpb.de/geschichte/deutsche- geschichte/marshallplan/40038/wirtschaftliche-impulse (Abrufdatum: 25.07.2015).

Lapavitsas, Costas/ Kaltenbrunner, Annina/ Lindo, Duncan/ Michell, Jo/ Painceira, Juan Pablo/ Pires, Eugenia/ Powell, Jeff/ Stenfors, Alexis/ Teles, N. (2010a): Eurozone Crisis: Beggar Thyself and Thy Neighbour. Research on Money and Finance Occasional Report, Department of Money and Finance, School of Oriental and African Studies, London.

Lapavitsas, Costas/ Kaltenbrunner, Annina/ Lindo, Duncan/ Michell, Jo/ Painceira, Juan Pablo/ Pires, Eugenia/ Powell, Jeff/ Stenfors, Alexis/ Teles, N. (2010b): The Eurozone Between Austerity and Default. Research on Money and Finance Occasional Report, Department of Money and Finance, School of Oriental and African Studies, London.

OECD (Organisation for Economic Co-operation and Development) (2008): Growing Unequal? Income Distribution and Poverty in OECD Countries, Country note: Germany.

OECD (2012): OECD Economic Surveys: Germany, February 2012.

OECD (2015): OECD Database Economic Outlook No 97 - June 2015. Online verfügbar unter: http://stats.oecd.org/Index.aspx?DataSetCode=EO# (Abrufdatum: 25.07.2015)

Priewe, Jan (2007): Economic divergence in the Euro area – why we should be concerned. In: Hein, Eckhard/ Priewe, Jan/ Truger, Achim (Hg.): European Integration in Crisis, Marburg, 103- 131.

Priewe, Jan (2011): Die Weltwirtschaft im Ungleichgewicht: Ursachen, Gefahren, Korrekturen. Expertise im Auftrag der Abteilung Wirtschafts- und Sozialpolitik der Friedrich-Ebert-Stiftung, Bonn.

Richter, Edelbert (2006): Neomerkantilismus – ein deutscher Sonderweg. In: Blätter für deutsche und internationale Politik 8/2006, 997-1005.

Sachverständigenrat (2010): Chancen für einen stabilen Aufschwung. Jahresgutachten 2010/11, Wiesbaden.

Sardoni, Claudio/ Wray, Randall (2007): Fixed and flexible exchange rates and currency sovereignty. In: Hein, Eckhard/ Priewe, Jan/ Truger, Achim (Hg.): European Integration in Crisis, Marburg, 53-77.

Schuster, Joachim (1994): EG am Scheideweg: Perspektiven der europäischen Wirtschafts- und Währungsunion. Europäische Hochschulschriften Band 246, Frankfurt/M u.a..

Schwarzer, Daniela (2015): Die Europäische Währungsunion: Geschichte, Krise und Reform, Wiesbaden.

Statistisches Bundesamt (2006): Statistisches Jahrbuch 2006: Für die Bundesrepublik Deutschland, Wiesbaden.

Statistisches Bundesamt (2008): Statistisches Jahrbuch 2008: Für die Bundesrepublik Deutschland, Wiesbaden.

Statistisches Bundesamt (2015a): Jahr 2014: Exportüberschuss auf Rekordniveau. Pressemitteilung vom 23. März 2015 – 107/15, Wiesbaden.

Statistisches Bundesamt (2015b): Außenhandel: Gesamtentwicklung des deutschen Außenhandels ab 1950, Wiesbaden.

Stockhammer, Engelbert (2012): Financialization, income distribution and the crisis. In: Investigacion Economica 71 (279), 39-70.

Stützle, Ingo (2013): Austerität als politisches Projekt: Von der monetären Integration Europas zur Eurokrise, Münster.

Solari, Stefano/ Thomasberger, Claus (2007): Reforms and continuity in the Italian economy: EMU at risk? In: Hein, Eckhard/ Priewe, Jan/ Truger, Achim (Hg.): European Integration in Crisis, Marburg, 163-195.

Thomasberger, Claus (1993): Europäische Währungsintegration und globale Währungskonkurrenz, Tübingen.

Van Treeck, Till/ Sturn, Simon (2012): Income Inequality as a Cause of the Great Recession? A Survey of Current Debates. Conditions of Work and Employment Series, 39.

Walter, Rolf (2011): Wirtschaftsgeschichte: Vom Merkantilismus bis zur Gegenwart, Köln/ Weimar/ Wien.

Wendt, Volker (2002): Die Schaffung der Europäischen Wirtschafts- und Währungsunion: Spill- over und intentionale Entscheidung? Eine Analyse für Deutschland und Frankreich. Dissertation an der Philosophischen Fakultät Universität Passau, Passau.